日本人に今いちばん必要な

超かんたん！「体つくり」運動

幼稚園・保育園・小学校からはじめる
毎日10分「体と心と脳の健康づくり」型と工夫

目次

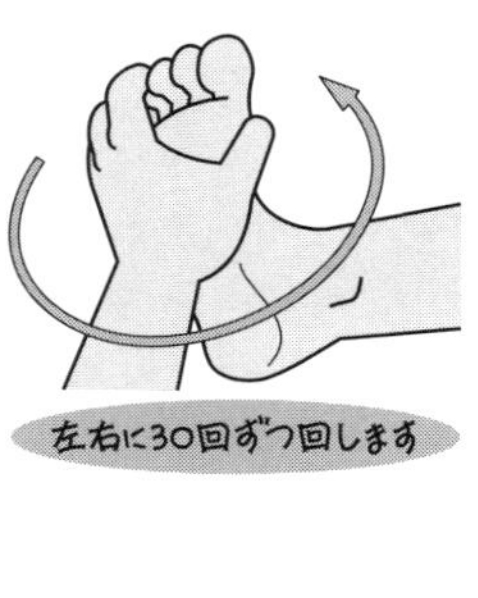

第2章　体つくりのキホンのキ

――誰にでもできる「型」を他者から学ぼう

第3章 型による学びの工夫

——技と伝統武術にはすごい知恵がある

第4章 幼稚園・保育園や小学校で取り入れたい「型」

——簡単なドリル(演習)で型を習得しよう

第5章 一流スポーツ選手の動きも、「型」の組み合わせと応用でできている

―「走る」「投げる」「動き出す（スタート）」

第6章 園児・児童の「こんな日常動作」に要注意！

―「立つ」「座る」「歩く」

休め
斜め型
横型

②
①
大きくゆっくり左右に
10回ずつくらい回します
④
③

序章

体つくりは、幼児期から！

——心と体に良い運動習慣を身につけよう

左右に30回ずつ回します

◉運動は楽しい――体育教育で学ぶこと

体育教育は、一人ひとりの子どもの健康を育て、そして運動する能力を高めるためにあります。運動は健康な人がするもの、と思っておられる方がいるかもしれませんが、健康になってから運動をするのではなく、運動しながら健康になっていくのです。

おそらく、多くの人々は病院に行って薬をもらうと病気が良くなると思っているでしょう。はっきりいうと、これは大変な間違いです。多くの病気にそのまま効く薬はありません。例えば、「風邪薬」があると思われていますが、本当は、咳を少しおさえたり、熱を少しさましたり、風邪の症状を緩和する薬があるだけです。

風邪を治すためには、身体の免疫抵抗力を高めること。それによって風邪を治すのです。そして免疫抵抗力は、運動することによって高めることができます。逆に適度な運動が不足すると、免疫抵抗力は落ちてしまいます。

そして大きな病気にならないためには、毎日の適度な運動が必要です。このことを肯定しない医者、医療関係者は誰もいないでしょう。もし、日本全体で、毎日運動する人が増えれば、病院にかかる人が大幅に減り、医療費も大幅に減ることでしょう。しかし現状は皆さんご存知のとおり、自分の命を守るために毎日の運動が必要だと分かり、実践している人はそれほど多くありません。

運動は健康を維持・発展させるために絶対に必要な、生存のための活動です。運動なしには人類は生存できないのです。でも、イヤイヤながらに運動をやっても長続きしません。やはり、面白く、楽しくやることが大切です。

一度その楽しみが分かれば、それを一生の財産にして、一生の間、運動を楽しみ、健康を維持できるようになります。そしてこの本の目的は、義務教育段階で、この楽しみを子どもたちに分かってもらうことです。

◉一人ひとりの子どもが、自分の体と対話できるようにする

本書では義務教育段階で必要な運動と、その実践の方法を紹介します。

体育について文部科学省が出している学習指導要領の内容は大変良くできています。近年の認知科学の成果なども取り入れられており、学術的な裏付けもしっかりしています。

しかし、実際に学校でどのように教えられているかとなると、別の話です。例えば、学習指導要領に入っている認知科学の成果を、はたして、体育を教えている教師がどのくらい理解できているでしょうか。

この本では、最新の学問の動向をおさえ、また、その限界も明らかにしたうえで、学問的にはまだ十分ではないとしても実際に教育効果があることについては、それを活用して教育する方法も紹介しています。

もちろん、この本の目的は学術的に体育教育について論じることではなく、子ども一人ひとりにとって、運動で健康を維持すること、そして体育がいかに大切で役に立つかをより良く教えることですから、学術的で難しい話は、資料解説とともに、参考文献として巻末にまとめました。

この本で重視するのは「体つくり」です。 体育関係の本を読むと、様々な競技スポーツのような運動をどのようにさせたらいいかが書いてありますが、**その運動ができるようになる体をどのようにつくったらいいか**については、あまり説明されていません。

運動のできる体とは、運動ができる健康な体であり、同時に、心身ともに充実した状態を意味します。健康な体と安定した心をもつことで、他の教科の学習も円滑にできるようになり、より良い脳もつくられていきます。つまり、運動によって頭が良くなるのです。

心と体は密接不可分で、脳もこの関わりのなかで働いています。これは、認知科学の研究が示す重要な成果

です。つまり、**体育活動は体について学ぶという重要な側面とともに、すべての教科を含む総合科目の一面をもっているのです。**

一人ひとりの体は違って当たり前です。ということは、体つくりはまず、一人ひとりの子ども個々人が修得できる方法が重要になります。まず個人個人でしっかりやれるようになり、それを基にして、仲間たち、集団でもできるようにする。何であれ学び方には順序があり、それは運動でも同様です。

一人ひとりの子どもが自分の体と対話できるようにして、健康を維持できるようにする。これが、生涯、運動やスポーツを継続するための基礎になります。

◉そもそも「体つくり」って何？

ところで、「体つくり」と聞いて、皆さんはどんな印象をもたれるでしょうか。

身体なんてあって当たり前で、それを使って当たり前の身体活動をするだけでしょ、と思われているかもしれません。そしてそんな当たり前のことをするために、何らかの準備が必要だとは思われていないでしょう。

ところが実際には、身体の使い方を修得しておかないと、身体を使えるようにならないのです。現在、おおよそ五〇歳以上の人々の場合、子どもの時は外で遊んで当たり前であり、遊びを通して身体をごく普通に使い、その使い方を修得してきたものです。

しかし年齢層が若くなればなるほど、身体を動かすことは当たり前でも普通でもなくなってきています。文部科学省はこのことに危機感をもち、今から十年ぐらい前に学習指導要領を改訂して「体つくり」という項目を体育教育の目的に入れたのです。子どもたちが遊ばなくなったので、その代わりに、それまでは遊びを通して修得していた身体の使い方を、学校体育で修得できるようにしたのです。

では、体つくりは学校教育で一般化していったのでしょうか。この項目が公にされた後に学校教育を受けた大学生たちに、「皆さん方は、体つくりの教育を受けましたか？」と尋ねてみたところ、「体つくりなど、初めて聞きました」というのが普通の反応でした。

また、「体つくり」についての著作は何冊も出版されています。しかし現場の教師の声を聞くと、「一体、何をどうやったらいいいか分からない」という意見が多いのです。

もう一つ、問題があります。体つくり関係の著作を見ると一目瞭然なのですが、こうした著作で紹介されている体つくりの教育実践の内容は、その大半が集団教育で、集団で運動をすることが体つくりになる、という主旨になっていることです。

しかし先述のように、**体つくりはまずは個々人、一人ひとりの子どもが自分の体と対話できるようになることが大切**なのです。

◉一日、たった一〇分のマッサージとストレッチで起きるすごい効果

さて、こうした現状をふまえ、本書の前半（1章〜3章）では、「体つくりの基本」となる運動について、具体的に「どのようなやり方」で、また「どんな方法」で教育したらいいか、その基本的なやり方を掘り下げて書いています。

これを実践することで、体つくりのやり方が「分かった」という実感をもてることでしょう。**ここで書かれていることは、幼稚園・保育園・小学校低学年から大人までできることであり、生涯続けてやれること**ですが、

これまでの学校教育ではあまり重視されてきませんでした。

体は「道具」です。道具は毎日手入れをしないと、ちゃんと使えなくなってしまいます。毎日、運動をする道具として磨きをかけると、心身ともに健康になっていきます。

前半の最初に紹介するのは、子どもたちでもできる、自分の身体へのマッサージ・ストレッチです。とても簡単なエクササイズですが、「毎日、このようなマッサージ・ストレッチしていますか」と聞いて、「はい、しています」と返答する人がどれくらいいるでしょうか。マッサージ・ストレッチそれ自体は、おそらく誰でも経験があるでしょう。しかしそれを毎日、実践しているのはスポーツ選手などに限られ、普通は準備体操の時に少しおこなうぐらいでしょう。

マッサージ・ストレッチの対象は、首、手指、足指などの末端です。末端のマッサージをすれば血行が良くなり、体調が良くなるのは容易に想像がつきます。しかも自分自身でやるのですから、指の筋力などの増強もはかることができます。

本書を執筆するにあたり、大学生も含めた大人にこの運動をやっていただき、どのような効果があるのかを確かめました。大人に効果があるのならば、幼稚園・保育園の子どもたち、そして小中学生にはさらなる効果があると考えたからです。

まず、やり方を複数の人々に直接教えて、そのやり方をできるようにした上で、毎日やってもらいました。これをやり始めると興味が出て、すべての人々は楽しんでやり続けるようになりました。

結論からいえば、報告の結果はほぼ予測どおりで、運動開始後は体調の改善が大幅に見られました。まず、運動をやると手足がポカポカしてきて、快感が得られます。**血行が良くなるので、体感だけでなく、実際に体調が良くなります。しかも末端の血行が良くなることから、血圧の低下まで見られました。**

日本では、「道具としての身体の手入れを毎日おこなう」という発想は、一般的ではありません。そしてそのまま成人病の年齢になります。現代医学は対処療法が普通で、根本治療などおこなわれていないのが現状です。生活改善が伴わない限り、成人病が改善される可能性はありません。

病気になって、医者から「病気を治すためには薬だけでは不十分で、毎日運動をしてください。運動がいちばん良い治療になります」などといわれ、「それは分かるけれど忙しいし、今さら毎日、運動をといわれても……」と悩むことになります（私の病院入院経験では、生活改善の一環で運動を始める人はほとんどいませんでした。しかしがん患者は生活改善に熱心で、運動もやって当たり前でした。これは他の成人病患者と比べると異例のことです）。

大切なのは、老齢になってからの生活改善ではなく、幼稚園・保育園、小中学校の時から、身体を動かすことが当たり前の生活を送り、どんな運動を毎日おこなえば健康維持ができるかを知り、実践することです。しかもそれは、実に簡単なことなのです。

必要なのは、一日に一〇分程度のマッサージとストレッチです。一日にたった一〇分とはいえ、それを毎日することでかなりの筋力もついてきます。やっている人々は、これで身体との対話ができるようになったと大喜びをしています。

これを幼稚園・保育園、小中学校の時からできれば、もっとより良い生活ができるようになるでしょう。筆者（原尻）もこの運動を毎日実践しており、マッサージ・ストレッチ効果を実感しています。

◉「ちょっと手をついただけで骨折」は、なぜ？

学校体育の思い出について尋ねてみると分かるのですが、大半の人々は、小学校から高校まで受けていた体育の授業について、明確な記憶をもっていません。それだけ関心が薄いのだといわざるをえません。また実際の授業内容は、体育というよりも競技スポーツの入門的な授業が多く、しかしそれほどの専門性もありません。しかもその実施の基本は集団教育であり、子ども一人ひとりの身体に根ざしたものにはなっていません。

体育教育の目的とは、前述のとおり、子ども一人ひとりが健康な身体を形成し、それをもとにしてさらなる運動能力を身につけ、あわせて、論理的・知的能力も発展させていくことです。

この目的を達成するためには、初等教育段階で、個々人の子どもが身体についての実感を形成し、身体と対話できるようにならなければなりません。そのためには、まずは集団教育を離れ、個々人の子どもが自分の身体と向き合えるような身体教育の実践が必要なのです。

体つくりは、まずは、こうした自分の身体との対話から始まります。そして次が、他者の身体との対話です。

対話、つまり「コミュニケーション」という言葉は、人と人とのつながり、関わりを意味します。そのつながり、きずなは身体に基づいており、体のない関わりはありませんでしたし、もともとコミュニケーションは身体に基づいています。それが今では相当おろそかになっています。実際、身体が何も介在しない「自称・コミュニケーション」とでもいうべきことがごく普通になっているのです。

現在の子どもたちは身体を使った遊びなどをやらないのが一般的になってきているので、身体の使い方を知らず、ちょっと手をついた際に骨折するなどのことがかなり日常化しています。

また、通常、身体を介した他者との関係がないので、体育も含めて他者の身体とどのように関わればいいか分からない、ということが頻発しています。例えば、キャッチボールなどができない子どもなどがその一例です。こういったことがおぼつかないのですから、子ども同士の具体的な関わりができにくくなっている点も見逃すことができません。

本書では他者の身体をマッサージ・ストレッチしながら、他者の身体にどのように関わったらいいかを学んでいきます。

◉本当に体に良い運動習慣をつくる――戦前の体育教育を超えて

本書の後半（4章～6章）では、これまでは当たり前のこととして教えられてきた「気をつけ」や「体育座り」が、実はどちらも身体には良くない運動であることを解説し、**身体に本当にいい運動習慣を身につけるための「新たな運動の型」**を紹介します。

「気をつけ」や「体育座り」はすべて、学校で運動をするための基本中の基本になっており、これを基にして様々な運動、スポーツの修得に向けた指導がなされます。その基本中の基本に問題があるのですから、こういった教育を受けた大半の読者にとっては「困ったこと」になります。

なぜこうした事態になっているのでしょうか。その背景にあるのは戦前の体育教育です。戦前の体育教育は軍事教練の一環で、軍事教練抜きの体育はあり得ませんでした。学生管理が統率のために重要な意味をもったのです。最近、様々なところで取り上げられ、議論されている「組体操」も軍事教練の一種であり、軍人の士気を高めることが目的でした。

組体操はもともと、その性格からして子どもができることではなく、陸軍士官学校や海軍兵学校のような、安全管理も含めて軍人教育を推進している幹部候補生養成校でおこなうか、しっかりとした骨格をもった成人男性がおこなう特殊な体操です。小中学生の組体操の事故は、その意味では起こるべくして起きているのです。「気をつけ」や「体育座り」も、教育目的というより、子どもたちの統率をとるための方策です。学校教育において、教育効果をあげるために秩序維持が必要なことは十分に理解できます。しかし本来的に重視されるべきは、子どもたちのやる気と意欲です。

戦前の軍事教練としての学校体育の性格は、実は戦後もそのまま引き継がれています。「気をつけ」と「体育座り」の共通点は、これをやると身動きができなくなるという点です。学校で体育をおこなう上で、動きができなくなる姿勢は本来的にはあり得ないことで、当然ながら、動きやすい姿勢が望ましい。しかもこの座り方を長時間続けると腰を痛めてしまい、健康に良くないのです。

体育座りが一般化するのに四〇～五〇年かかったといわれています。実のところ、これらがなぜ広まったのかは分かっていません。わざわざこの座り方をさせる教育的な意味が明らかではないからです。

体育教育には、明確な目的性が必要です。

本書では、体つくりに必要な基本動作と、それを学ぶ「型」を紹介します。

教育現場の方々には、基本動作を型で学ぶことの効果と意義をぜひともご理解いただき、今後の体育教育にいかしていただけることを、また、一般の多くの読者の方々にも、子どもから大人まで、健康な心身をもって日々を暮らせるようになることを願っています。

ちなみに、1～3章は原尻が、4～6章は木寺が執筆しています。

第1章

体つくりのキホン

――「自分の体と対話できるようになること」が最初の第一歩

◉体つくりは、体との対話

「体を大切する」「体の手入れをする」「体と対話する」。このやり方が、本章の課題です。

人類の祖先が四足歩行から二足歩行になってから、人間は体の動かし方に様々な困難を抱えることになりました。この観点から考えると、体の手入れの仕方が分かってきます。

二本足になることで頭が安定し、脳が発達しました。が、四足歩行と異なり、二本足で立つことでいつでも体のバランスを取らなければいけなくなりました。これは、常に何らかの緊張状態に置かれることを意味します。人間とまったく同じ形をした人形をつくってみると分かりますが、その人形を立たせることは容易ではありません。

バランスを取るためには、筋肉をどこかで収縮させなければなりません。これが緊張状態になります。ところが緊張状態が強すぎると円滑な運動ができなくなります。また今日のストレス社会では、立っているときの緊張が寝ていても続いていることが多く、健康的ではありません。

自分の体のどこに緊張があるのかを知り、自分でコントロールできるようになる必要があります。そして、場合によっては弛緩状態に自分をもっていけるようになれば、体の調節が可能になります。

前述のとおり、文部科学省の学習指導要領には、「体つくり」という項目が小学校から高校まで一貫して設けられました。

一九六〇年代に高度経済成長が始まり、農村地域から都市部に大規模な人口の移動が起こりました。それ以前の日本は、農業などの第一次産業中心の国でしたから、子どもも農業などの手伝いをするのが日常的なことでした。運動は毎日して当たり前であり、特別に学校で運動をしなくても、日常生活の中で運動は毎日されていました。また戦前の学校の先生には武道をしていた先生も多く、伝統武道の考え方もごく普通にありました。

昔は基礎体力はあって当たり前であり、しかもナイフで竹細工などもつくっていたので、道具を使う活動も日常的でした。学校体育はその上でやればよかったのですから、現在とは環境条件がまったく異なります。

今の子どもたちは昔と異なり、場合によっては一日中まったく体を動かさない生活をしていることも珍しくありません。子どもたちのこのような生活実態から、学校では特定の運動を学習させる前に、まずは、体そのものをつくるための授業を展開することになったのです。

今の学校では、体つくりのみならず、個々の子どもの体との対話、体を大切にする方法の修得、体の健康を維持する方法の修得、日常的な身体活動の修得、道具を使う活動の基本の修得などなど、実に様々なことを学べるようにしておく必要があります。そして体育活動の内容を相互に関連させ、修得の効果をあげる工夫も必要になります。

まず、子どもには、**自分の体が自分のものであるという実感が必要になる**でしょう。そのためには、体との対話が必要になります。それをすることで、身体上の何らかの効果が期待されます。そのためには、マッサージや整体などの身体調節の方法が参考になります。

この身体調節の方法は、分かりやすくいえば、関節の緊張を緩和するやり方です。身体は関節でつながっていますが、道具としての身体は常に調節が必要です。特に関節は、調節しないとかたくなってしまいます。

では、具体的に、この「体つくり」の運動について、何をどのようにするかを学んでいきましょう。

◉首回しで爽快になる

まず、首です。誰でもできる運動です。

首をゆっくりと回します。これをやりながら、どうすれば、首をより大きく回せるか考えます。

左右に一〇回ずつくらい、ゆっくりと回します。ある程度やっていくと血液の循環が良くなり、気持ちが良くなってきます。単に首を回すだけのように思われるかもしれませんが、やり始めると、いろんなやり方があることが分かります。そのなかで、自分がやりやすいのはどんなやり方なのか、その効果を考えながらおこなってください。

ここでいう自分のやり方というのが、**運動の型**になります。

型というと、空手や剣道の型をイメージしますが、実は、生活の中で我々が何らかの運動のやり方を修得するときには、通常、型によって習っています。運動の型のなかには、職人の仕事をはじめとして、箸や鉛筆の握り方、歯磨きの仕方など、いろんなことが含まれます。

首回し

首の回し方について自分なりの型をつくってみてください。最初は、自分で型を発見して、その型を自己流で修得し、その後はその型を実践することで、運動を継続できるようにします。

私の場合、首回しは、まず左に首を倒して後ろにできるだけ大きく回し、外に外に首を出すようにしながら、右に回して一回転させ、同じように二回、三回と回します。これで五回ずつ回したら、反対方向に五回ずつ回します。外に大きく回すことで、身体全体がこの動きに連動して動くようになります。

次のステップは、後述するように、誰かから型を習って修得し、運動を継続することです。箸や鉛筆の持ち方、使い方などが、これに当たります。

こういった過程を経て型を修得すると、新たに各種スポーツなどを習うときに、同じやり方でその型を修得できるようになります。

その実例として、3章では空手の正拳突きを取り上げます。これは、手を前に出すイメージではなく、手の先の指先から腕が前に出るように、いわば意識せずに指先から前に出ていくようにします。実は野球のバットもこれと同様で、指先から前に行くようにしなければならないそうです。決して、足から先に出してはいけないのです。

一流スポーツ選手は型という言い方をしませんが、実際上は、原理原則としての型を修得した上で自分なりの型を作り上げ、自分の技にしています。日本においては、スポーツでも型による修得のほうが一般的なのです。

◉手首回しで軽くなる

首回しの次は、手首です。

首と同様に、大きく回します。左右三〇回ずつです。これも、血液の循環が良くなりますから気持ちが良くなります。

首、手首、足首、そして後述する手の指、および足の指の運動も、毎日続けたい運動です。

これをやれば血圧の安定もはかれますから、一生涯続ける価値があ

手首回し

るでしょう。

体は道具ですから、毎日手入れをしないと、「さび付きます」。普通、体の手入れなどあまり考えていませんから、手入れが必要だとは思っていないでしょうが、手入れをしないと使いにくくなり、当然のことながら健康も維持できなくなります。

◉足首回しで自由になる

手首の次は、足首です。

上半身と比べると、足は血液の循環が悪くなりやすいので、慎重に、そして動かす回数も多くします。例えば右足首を回すときは、つま先を左手でしっかりと握って回して下さい。左右に三〇回ずつ回します。

やってみると分かりますが、意外に足首がかたくなっていることに気づくでしょう。しかし何回も回すとなめらかになっていきます。

気持ちも良くなり、血液の循環が良くなり、体がポッカポッカになっていきます。**体との対話は楽しいものです。**

この体との対話の最中に、体に実際に声をかけてください。例えば、こんな具合です。

「足首さん、ちょっとかたいですね。こっていますね。大丈夫ですよ、ゆっくり回します。そうら、だんだん楽になってきました。これだけ

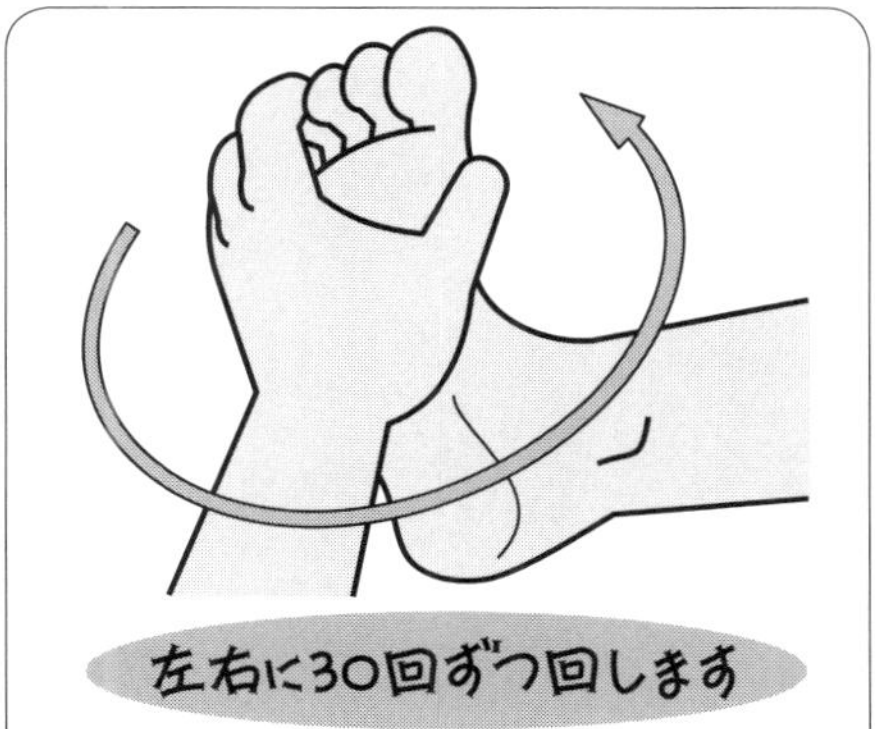

足首回し

スムースに動いていますよ。足首さんも気持ち良くなってきましたね。毎日体を支えてくれて、ありがとう。今日も一日、支えてください」

◉足のあげ起こしで楽になる

足首の次は、足のあげ起こしです。足首を伸ばしたり起こしたりします。

数回だったら誰でもやったことがあるでしょう。回数は個人差があってかまいませんが、ある程度の効果が出るためには、六〇回は必要になります。これだけの回数をやった人はほとんどいないでしょう。

この運動は、山道を歩くことと同様の効果が期待できます。昔の子どもは山道も普通に歩いていましたが、今の子どもは歩くのさえ十分ではなく、山道などを歩く機会もほとんどありません。

これを毎日やると、ふくらはぎに痛みのある人ならばそれがなくなりますし、血液の循環が良くなるので、足が使いやすくなります。

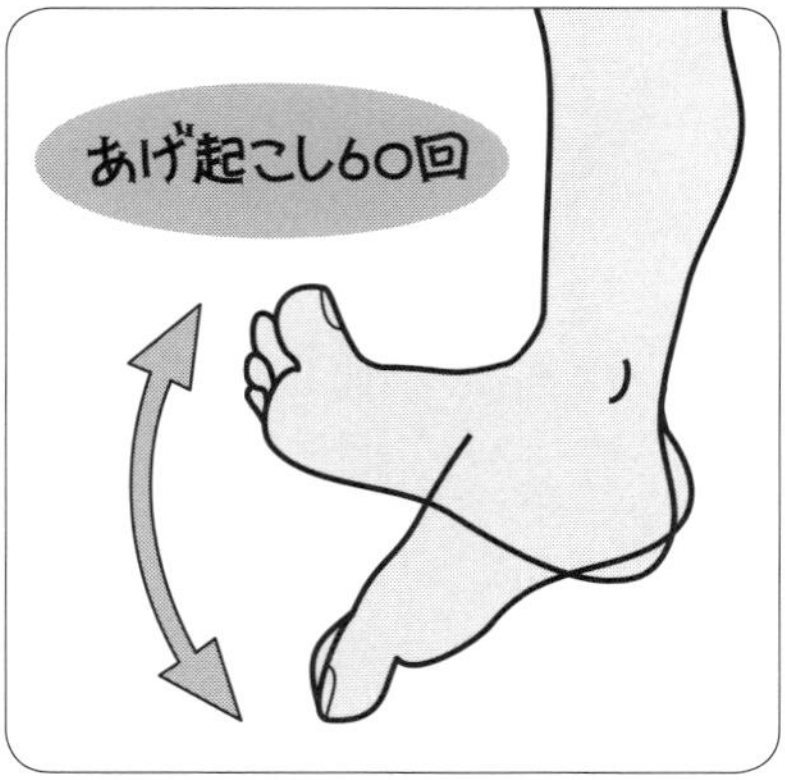

足のあげ起こし

◉手の指そらしでスッキリになる

足首までで、意外と簡単にできる運動は終了です。次は手と足の指のマッサージですが、やり方にちょっと工夫が必要になります。

最初に、手の指からいきましょう。

やり方は簡単で、指を一本ずつ後ろにそらして、三〇数える（つまり三〇秒ほど）静止させるだけです。これで一つの指を終わりにしましょう。

誰だって、指をそらせば多少の痛みがあります。かといって、全然痛くないようにはできません。また、痛みを我慢し過ぎると指を痛めてしまいます。どの程度やるかは、自分で調節しなければなりません。これは自分だけが分かることであって、第三者には分からないことです。

後で述べるように、他者からこれをやってもらう場合、やる側の人は、やってもらっている人の立場でどの程度なら良いかを常に考えなければなりません。これは、人の痛みを知るための大切な学びです。

自分一人でおこなう場合、どこまで曲げたらいいかについて、何回かやってみるなかで、そのやり方の型ができあがります。そしてその型にしたがってやっていけば、スムースにおこなうことができるようになります。

その型が見つかるまでは、試行錯誤です。痛みを伴いながら試行錯誤する過程で、やり方が分かってきます。これは教育的には相当有意義です。痛みを伴うこともなく、最初から決められたやり方をするのでは、何かを発見する能力が奪われてしまいます。

実際にやってみると分かりますが、多少、痛いことを我慢してやると血液の循環が良くなるので、気持ちが良くなります。逆に、あまり痛みが伴わないやり方だと効果が薄くなります。**自分の体にどこまでやったらい**

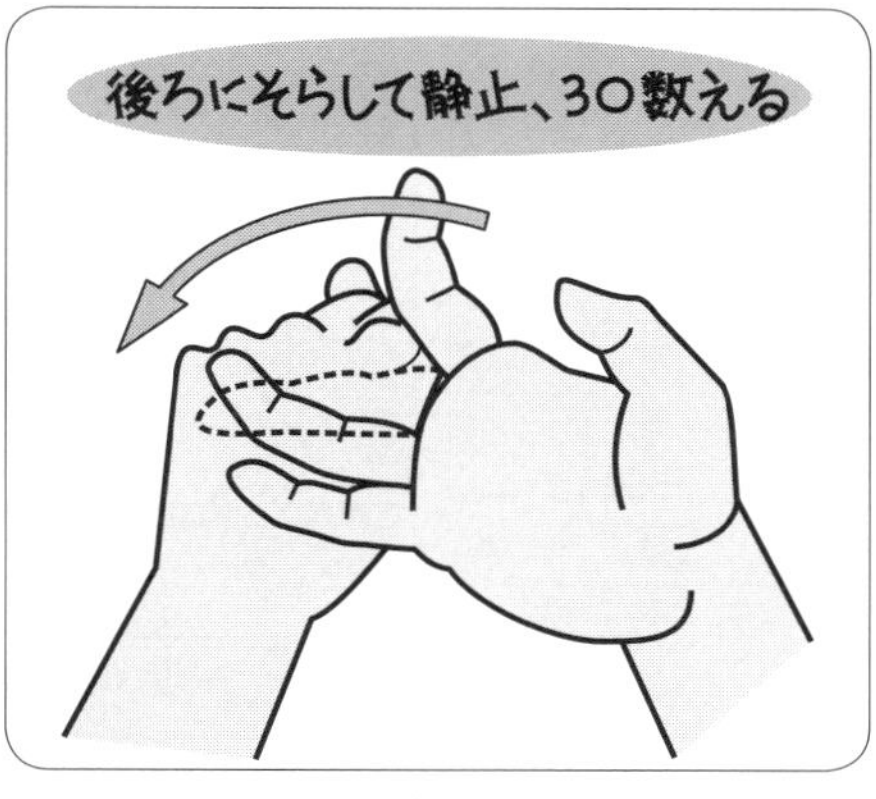

手の指そらし

いかを聞き、自分でやり方を決める。身体を介した生き方の勉強になります。

◉手の指ひねりでスッキリになる

次は、手の指のひねりです。

このやり方は、ヨガや中国の中医学にもあります。ひねるのですから痛みを伴いますが、そらす運動よりも難しい分、その効果の実感性はより強い運動です。

さらに、指先で指をひねるので、指先の筋力をつけることにもなります。最近の子どもたちは筆圧が低いので、ＨＢの鉛筆ではなく２Ｂなどを使っているといいます。この指ひねりの運動をおこなえば指先の筋力を鍛えることができ、筆圧を高めることができます。

さて、そのやり方ですが、一本の指を別の手の指四本でしっかり握ってから、前に少し動かします。動かし過ぎると指を痛めますが、子どもの身体は比較的柔らかいので、多少曲げても問題は起こりません。

やっているときには多少の痛みがありますが、指そらしと同じく、それほどの痛みにはなりません。

どの程度ひねるかは、何回かこれを試みることで決まっていきます。ひねってから静止させ、三〇秒、数えましょう。一本一本、体と対話しながら、やってください。

ここでも、例えばこんな声かけをしてみてください。

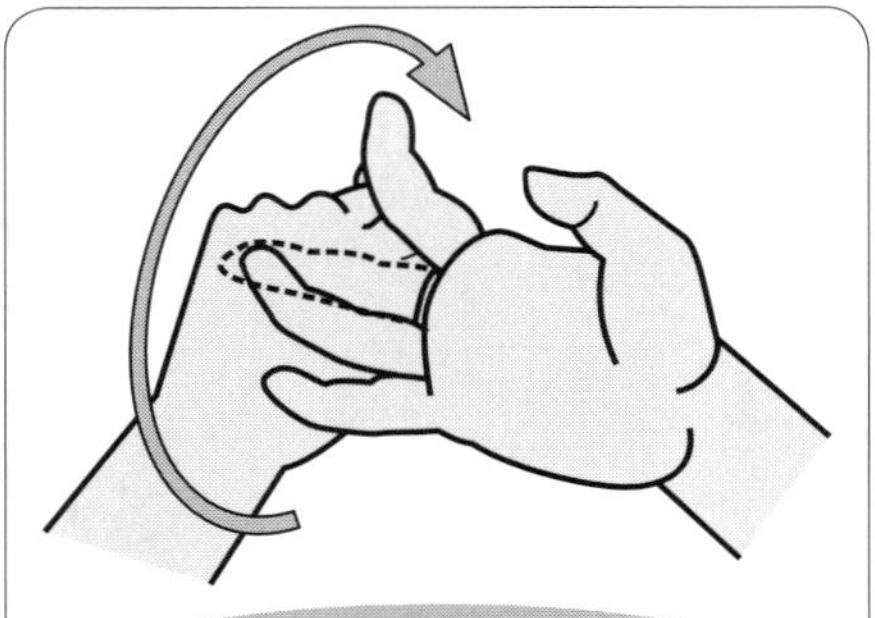

手の指ひねり

「指さん、毎日ご苦労さんです。ちょっとひねりますね。痛いですか。でも、ちゃんとやると後で楽になりますよ。ちょっと力がいりますね。しっかり握って、これが指なんですね。使うだけで、あまり触ったことがありませんでした。これだけ細い指で、器用に、いろんなことができるんですね。指さんのおかげで、いろんな仕事ができて、ありがとう。握っている指は力がついてきています。力をつけてくれて、ありがとう。力をつけると指でいろんな仕事ができるようになります」

◉足の指ひねりで楽になる

最後が足の指です。

これは、やり方が少し大変です。手の指で足の指をつまんで、右の足ならば右に回し、左の足ならば左に回します。つまむときに、指三本程度しか使えません。三本でやるので、ちょっと力が必要です。

足の指は手の指と比べると鈍感なので、多少回しても痛くありませんが、回し方がそれなりに難しくなってきます。これは、手の指をもむこと以上に筋力を使いますので、毎日やっていると指の筋力がつき、握力なども強くなっていきます。

「足の指さん、こんなに細いのに、毎日、体を支えてくれてありがとう。ちょっとやりにくいけど、何とかつかんで回しています。三〇回ですから、ちょっと大変です。でも、慣れてくると型が分かり、そうでも

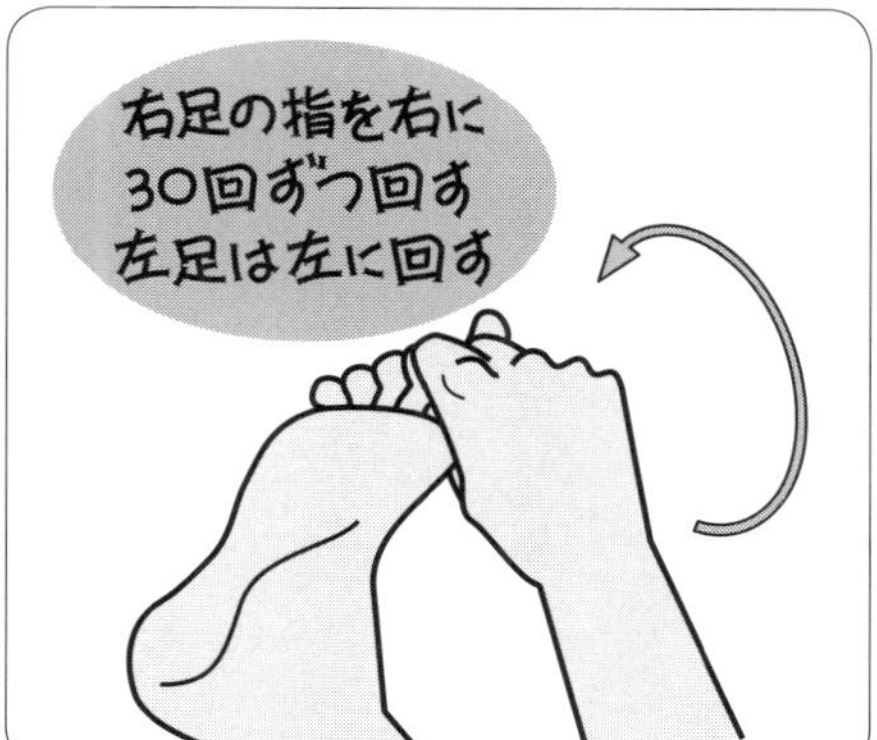

足の指ひねり

なくなります。意外にスムースにできるようになります。指一本一本、感謝の気持ちでマッサージです。ありがとう、ありがとう。足の指さんも気持ちが良いでしょう。こんな動かし方はしたことがないでしょう。これで、指が楽になり、足の指さんも気持ち良くなります」

マッサージ終了のあとに、指の上下運動をして、実際に動かしてみると、動かしやすくなっていることが実感できるはずです。足は手と異なり神経の数が少ないので、手と同じように動かすことは難しいですが、訓練をすれば手のように動かすことが可能になります。

これは、様々な運動をする際に、あらゆる場面で使える身体運動です。運動能力を高めるためには、最初から特定のスポーツをするのではなく、そのための準備運動が必要です。それによって特定のスポーツをやれるだけの身体を形成することが可能になるのです。

この足指ひねりの運動をしたあとでは、**歩いていると指一本一本が生きていることが実感でき、簡単に足の指一本一本を動かせるようになっている**ことにも気づくことができます。

◉肩甲骨運動でリラックスできる

さて、次は肩甲骨の運動です。関節の運動としては、柔軟体操以外では最後の項目です。どこの学校でも、「リラックスしよう」とは、よくいわれることです。では具体的には、どうしたらリラックスできるのでしょうか。

個人個人でいろんな考え方があるでしょうし、また、緊張状態が普通になっている人ならば、どうしたらリラックスできるのか考えにくく、それを実践するとなると困惑してしまうかもしれません。

簡単にいうと、リラックスするとは肩甲骨をさげ、身体から緊張状態をある程度なくす運動ですが、最初からこれをやろうと思わないでください。最初は、次に書くように、肩甲骨の上下の運動ができるだけで十分です。肩甲骨をさげられるようになれば、普通にリラックスができるようになります。

肩甲骨は随意筋で動かすことができます。まず、動かしてみましょう。肩甲骨を上にあげてください。次に、弛緩して、ダラーンとなるのではなく、そのままおろしてみてください。最初は数ミリでもいいのです。おろすときは、次の章で扱う呼吸法を使って、息を吐いてください。息を吸って上にあげ、息を吐いて下にさげます。息を吸うとき胸に息を入れると、簡単にあげることができます。息を吐くと気持ちが下にさがっていき、肩甲骨も同じようにさがっていきます。この上げ下げを一〇回ぐらいやってみます。

次に、筋肉を使って、下にさげたら、そのまま脱力します。息をずっと吐き続けると、意外に簡単にできます。これで肩甲骨がさらにさがることが感じられます。**これがリラックスの状態です。**立った状態だと、当然のことながら、身体の緊張はある程度維持されていますが、肩甲骨を中心とした身体の中心部はリラックスの状態になっています。この態勢をつくれれば、いろんな運動を難なくおこなえるようになります。

緊張感が高い人の場合、最初からうまくいくとは限りません。しかし程度の差はあっても、ある程度、肩甲骨をさげることはできます。

そしてここが大事なところですが、さげるときに、「さげよう」と意識しないでください。気持ち的には、「肩

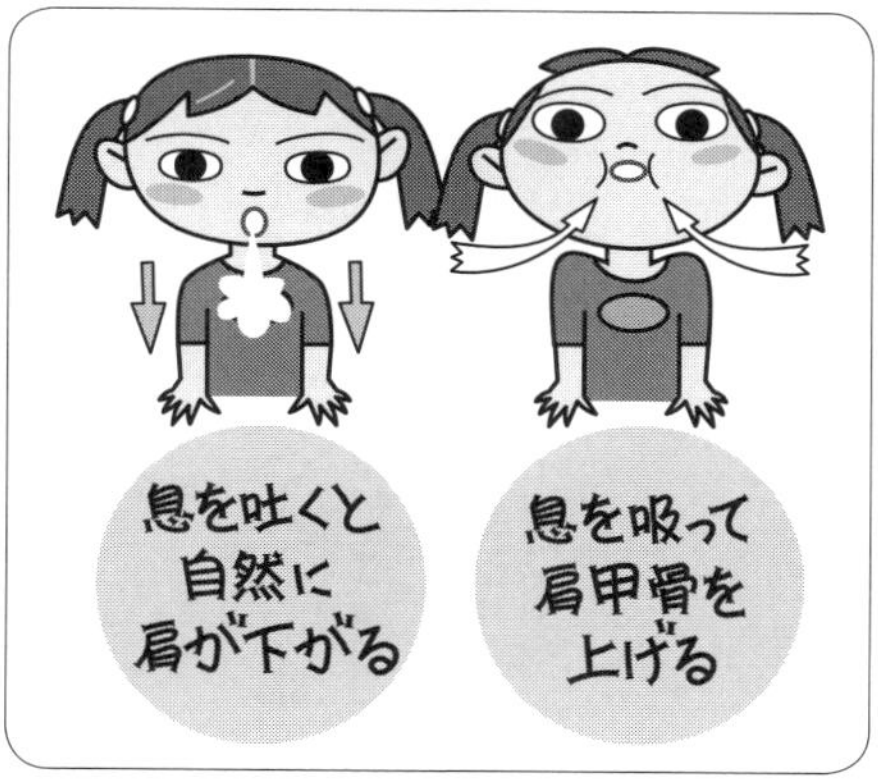

肩甲骨運動

甲骨がさがる」と思ってください。「……をさげる」と思うとそこに意識が働き、さげよう、さげようとしてしまい、実際にはさがりにくくなります。**自然に、さがる。それを待つだけです。**

これはいろんな運動をするときの意識の基本です。

「……をする」のではなく、「……がする」「……はする」と思ってください。

動かすときに、動かしている自分自身を感じ、動かしている結果を待つ。この姿勢が大切になります。

◉肩甲骨運動の応用、女形で変身できる

さて、ここまでが肩甲骨の運動になります。この運動をやりながら、これを応用する運動を次にやります。

それは歌舞伎の女形になる運動です。肩甲骨を下にさげながら、左右の肩甲骨をつけるようにします。筋肉を動かすのが少し大変ですが、できないことはありません。

鏡で見ると分かりますが、この型をつくると肩幅が狭くなっています。歌舞伎では、これで女形を演じるのです。脱力してしまうと肩甲骨をひっつけられなくなりますから、最初はこの状態を維持するのはかなり大変です。

この型をつくったら、次に、女形の所作をしてみましょう。「あれをごらんよ」と、向こうにある何かを指し示す所作です。

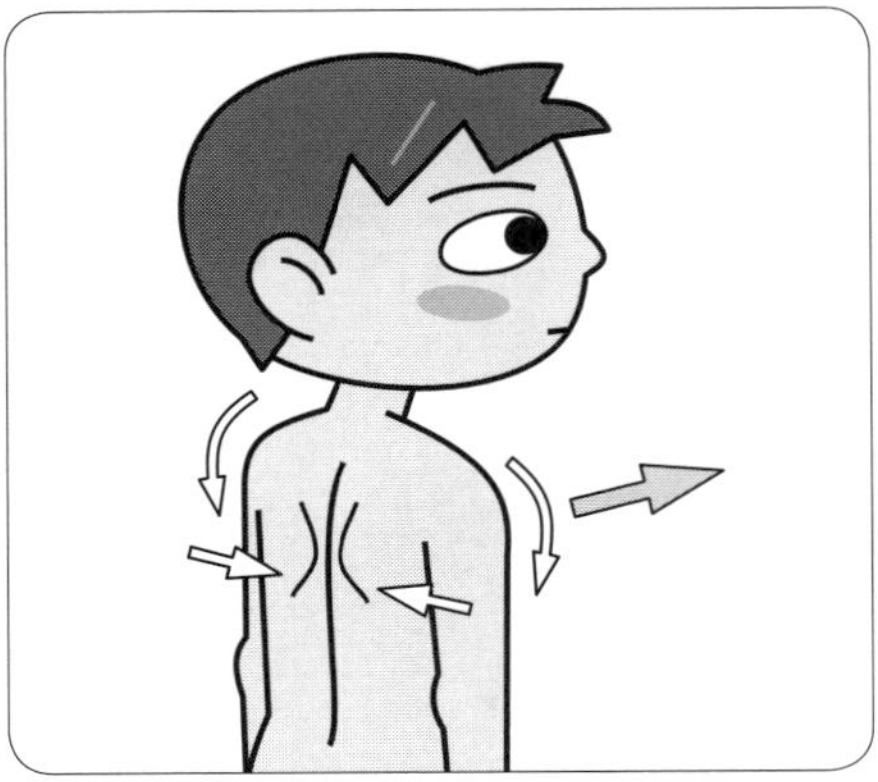

肩甲骨運動の応用、女形の背中

重要なのは、まず指先から動かすことです。それに伴って首、頭など他の身体部位が、それに引きずられる第二列車、第三列車のように連鎖反応的に動いていきます。指さしているほうが最初に動き、それに伴って指が動いているような感じになります。

その際にちょっと首をかしげると、見る人は女らしさを感じるでしょう。この体の動かし方はいろんなことに応用可能で、実は日本の伝統的な武術、身体芸術はすべてこの動かし方が基本になっています。

このような遊びをしながら、リラックスをいつでも簡単にできるようにしていきます。やっていけばいくほど分かりますが、手を前に出すためにはある程度の緊張が必要で、緊張が強くなり過ぎるとガチガチになってしまい、動きがぎこちなくなってしまいます。かといって、完全な弛緩状態では手を前に出すことができません。物事は程度の問題だということです。

日常生活でも、どの程度やるか、やらないかが重要なことがいろいろとあります。なるべく緊張しないで手を前に出す方法が、武道にしてもスポーツにしても重要であり、それができるかできないかが、技の出来不出来にむすびついています。

息を吐きながらおこなったほうが緊張感は取れますが、そうしてしまうと、次の動作をするために息を吸わなければならなくなります。それから、先にもお話をしたとおりですが、ポイントは手を前に出そうと意識しないこと、手が自然に前に出るだけにしてしまうことです。なにかをやろうやろうと思えば思うほど、力みが出てきます。

以上が、体つくりの基本です。

この章で書かれていることを日々実践していけば、間違いなく、運動をするための基本的な体をつくることができることと思います。

本章でお分かりいただけたものと思いますが、体の調節なしには、体を有効に使えるようにはなりません。こうした調節をおこなうことで、身体との対話が可能になります。

身体との対話は、体を有効に使うための最初のステップです。これによって、体そのものの機能を良くするだけでなく、自分自身の心も育むことができます。つまり**身体との対話は身体の安定化とともに、心の安定化にもつながっていきます。**

そして、**自分の体とのコミュニケーションは、他者とのコミュニケーションにつながっていきます。**体育の授業は総合科目ですから、他者とのコミュニケーションについても学ぶのです。スポーツ競技は、体と体で他者とコミュニケートすることです。話をするだけ、聞くだけではなく、生身の体で人と関わり合う。これが本当の関わり合いです。これは体育でしかできない実践的コミュニケーションの学びになっています。

さらに付け加えれば、すでに各種の実験で、運動を継続してやっている学校などのほうが、成績が伸びていることが分かっています。**運動をすることで脳の発達が刺激され、他の教科の成績も向上する**のです。

世界中のエリート校では、かつても今も運動が盛んです。イギリスのパブリック・スクールでは、エリートたちはラクビーをして身体を徹底的に鍛えています。身体を鍛えて頭の回転を良くすることが、日常生活においてごく普通のことになっているのです。

コラム ❶

身体との対話とは何か

通常、対話といえば、特定の人、人々との実際の対話を意味します。つまり、対話とは実際の具体的な関わり合いが基になっています。

本書でいう身体との対話とは、実際に身体を動かして、身体との関わり方を実感することを意味します。

身体をただ眺めているだけでは対話にはなりません。実際に使ってみることで、「これが手の指なのか」という実感が湧き、それをどのように使うのかについて、考えることができるようになります。

これによって、自分の身体がどういう存在なのかを実感することが可能になるでしょう。自分の身体の実感を基にすれば、他者の身体についてもそれなりのイメージをもつことができます。自分の身体を理解できるようになれば、他者の身体のことも理解可能になるのです。

そしてこのことが、「他者の痛み」を分かることにつながるのです。

第2章

体つくりのキホンの㋖

――誰にでもできる「型」を他者から学ぼう

◉箸の持ち方の型は包むことがポイント

1章では首の回し方、指の使い方の型を自分自身でつくり、それを修得するという話をいたしました。まず、自分で簡単な型をつくり、このやり方で運動について学べる、という実感をもつことが大切です。

2章ではこれを土台にして、他者から学ぶ型について学びます。

この型の学びは、日常生活上、必須な運動についての学びになります。具体的には、箸の使い方、鉛筆の持ち方、歯の磨き方です。

まず、箸の使い方から始めます。

箸の動かし方は、持ち方で決まります。箸は、日本でも食事のときの道具として使われており、その使い方は、最も合理的なやり方となって現代まで伝承されています。

持ち方は、下の絵にあるとおりです。簡単に説明すると、

①親指、人差し指、そして中指の三本の指で箸を支え、箸の上から三分の一ぐらいのところを持つ。このとき、中指は上下、両方の箸に触れている。

②箸の先はぴたりとつくようになっている。

③箸を開いて動かしたときは、中指が上の箸についている。

……となります。これが箸の持ち方の型になります。この持ち方で動かせばいいのですが、ここで問題が生じます。こういった正しい箸の

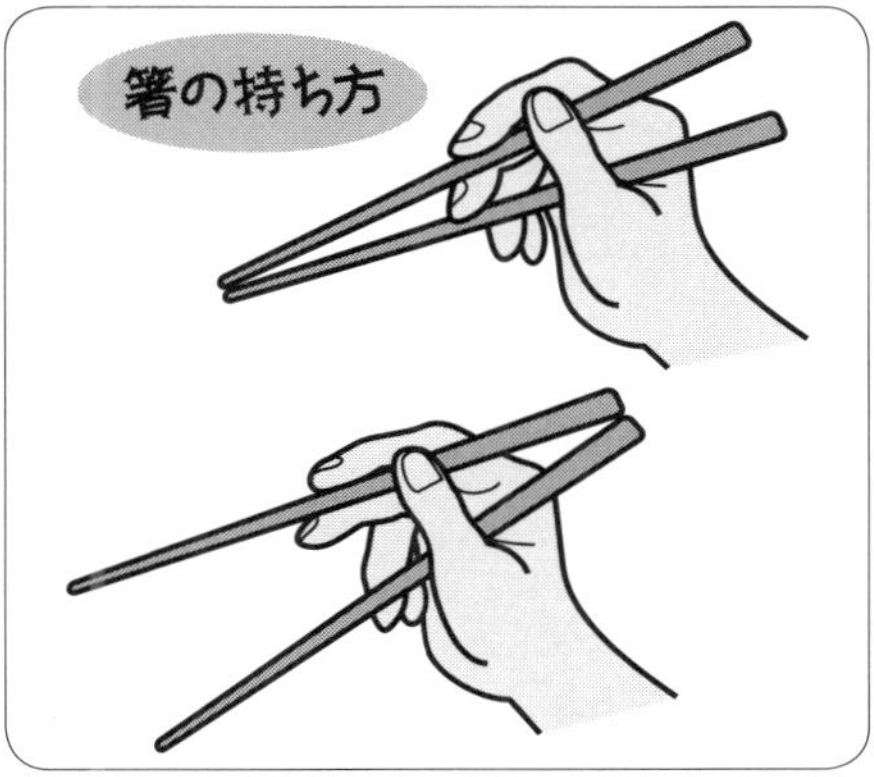

箸の持ち方と動かし方

持ち方をずっとしてきた人は別段問題なく、そのまま箸を使うことができます。

しかし、これまで正しい持ち方をしてこなかった人の場合、指に力が入りにくい、あるいは入らないということが起きます。これについては、手の指、足の指のマッサージ等で指の力をつけていけば、難なくできるようになります。

日ごろこのような箸の使い方をしていない人は、指の力があったとしても、最初は思ったように箸を動かすことが難しいかもしれません。

箸の持ち方は先人たちがつくり上げたやり方ですから、合理的です。最初は少し手間取る可能性もありますが、毎日やっていけばそれが当たり前になり、この持ち方で米粒でも何でもつかむことができるようになります。

型という考え方は、日本の伝統文化にある、有効性の高いやり方です。例えばバスケットボールなら、①パス、②ドリブル、③シュート、この三つの動きが基本的な動きの型になっています。

まず、パスはボールを正面から両手でつかむことが基本的な動きで、これがパスの型になります。まずは、徹底的に両手で正面からパスを投げる練習、受け取る練習が必要になります。これにより、次の動作に連結可能な安定したスタンスでボールを受け取り、投げることができるようになります。

これが身体に刻まれていれば、高いところのボールを片手で取る場合でも、正面で受け取るときの応用でパスを受け取り、瞬時に次の動作につなげることができるようになります。見た目には両手で、また正面で受け取るやり方と違っているように見えますが、身体の使い方のレベルで見ると同じ動きになっています。型ができればその応用も可能になるという実例です。

型は動作の原理原則ですから、最初にこの型を学ぶ必要があります。箸の場合も、箸の持ち方の型を学ぶ必要があるのです。

◉鉛筆の持ち方の型は箸の持ち方と同じポイント

次は、鉛筆の持ち方です。

現在、鉛筆はＨＢではなく、２Ｂなどが一般的になってきているといわれています。十分な筆圧が出ないため、硬めのＨＢでは明瞭な字が書けないので、２Ｂが使われているのです。

鉛筆を握る指の力が弱くなっていると、ボールを握ることが難しくなるなど、様々な体育、スポーツ競技をおこなうことが難しくなります。筆圧が出るためには、指の力をつけなければなりません。先述のとおり足の指のマッサージを学ぶことで、手の指の筋肉を鍛えることができます。

鉛筆の持ち方は、下の絵のとおりです。箸の持ち方と同じで、親指、人差し指、中指の三本の指を使います。この持ち方が、書きやすい持ち方になります。

指の力が弱いと握りがあまくなり、変な持ち方になります。鉛筆の持ち方については、正しい持ち方をしている児童・生徒は全体の一〇パーセントといった報告まであるくらいで、間違った持ち方はいたるところで目にします。

紙に対し、鉛筆が四〇度から六〇度の傾きで接するのが正しい鉛筆

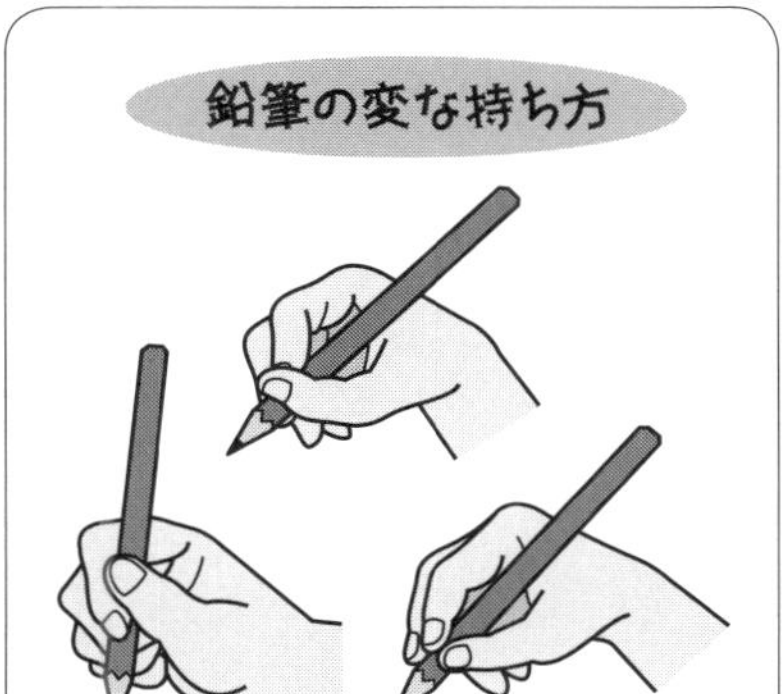

鉛筆の間違った持ち方の例

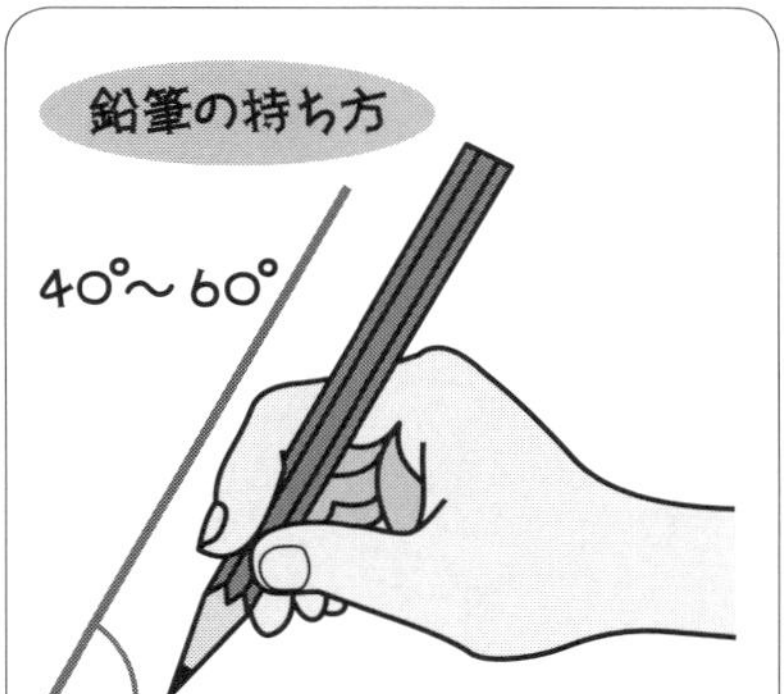

鉛筆の正しい持ち方

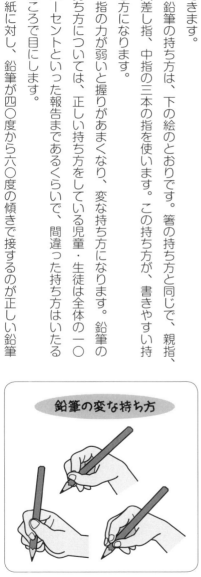

の持ち方ですが、間違った持ち方というのは、全般的にいえば鉛筆を立てて使っているのです。間違った持ち方の典型的なポイントを列挙すると、

①中指を上に乗せる。
②親指を上にかぶせる。
③三本の指で握りこむ。
④小指、薬指、中指を内側に握りこむ。

……こうした握り方を指摘できます。これでは楽に書くことも、きれいに書くこともできません。

箸の持ち方と同様、鉛筆の持ち方にもこのような型があるのです。

◉茶碗の持ち方の型は肩甲骨の下げがポイント

次は、茶碗の持ち方です。道具の使い方では最後になります。

現在、茶碗をちゃんと正しい持ち方で持っている人はその数が減っています。茶碗も長年日本で使われてきており、合理的な持ち方が現在に伝わっています。このやり方で食事をすれば楽に食べられるだけでなく、見た目にも美しく食べることができます。

茶碗を持つときの基本は、肩甲骨を落として持つことです。食事中に緊張する必要はありません。肩甲骨を落とすことで、体から余計な緊張が抜けます。

またこの持ち方は、生活の中のいろんな場面で応用可能です。例えば、それほど重くない荷物などを手で持つ際に、肩甲骨に力が入り、肩甲骨があがってしまうことが多いのですが、茶碗の持ち方がちゃんとしている

人の場合、そのようなことが起こりにくくなります。逆にいえば、茶碗の正しい持ち方ができない人は、日常生活で大変な損をしていることになります。

下の絵をご覧ください。姿勢はまっすぐで、しかも緊張していません。物を持つ場合、緊張してしまって肩甲骨があがることがありますが、この絵では肩甲骨は下にさがったままです。

このような自然体で、肩甲骨があがらないように食事をします。茶碗には重さがありますが、その重さ、つまり重力に逆らわない形でそれを落とさないように持っています。ここには絶妙のバランスがあります。

茶碗の持ち方

しかも茶碗を動かしながら食べているわけで、多少動かしても常に、箸で茶碗の中のご飯がつかめるようにしています。箸でご飯を食べるのも実際はそんなに簡単ではないのですが、それを器用にこなしています。

毎日このような形で食事をすれば、軽いものであれば、肩甲骨をさげたまま運べるようになります。

こうしてみると、食事の作法は日常生活の様々な運動をする上での基本中の基本を学び、実践する活動になっていることが分かります。世間一般では、「運動＝スポーツ」が通念ですが、実のところ日常的な生活自体が運動であり、その運動がスポーツをする上での土台になっているのです。

体育の授業では、この日常生活の運動を取り上げ、それが円滑にできるように教育する必要があります。

今日の生活を振り返ってみると、一日中ほとんど何の運動もしなくても生活をすることができます。極端にいえばスマートフォンを適当にいじるぐらいの「運動」がある程度です。子どもの場合、水泳教室などに通っている場合を除くと、塾での勉強は日課になっていても、毎日、外で存分に遊んでいる子どもは少ないことでしょう。

運動なしの生活から、運動ありの日常生活に戻る必要があります。そのために、体育の授業は大きな役割を担っているといえるでしょう。

◉呼吸法の型は吐く息に集中することがポイント

道具を使った運動は、ここまでです。次は、道具を使わない運動です。

ここでは、自分自身で見いだすのではなく、人から教えてもらう型について理解するために、呼吸法を取り上げます。

息をするということは、人間が外部と関わり、外部から空気を取り入れることです。古来、東洋ではこの息の仕方＝呼吸法が開発されてきました。肺を使って息をするのですから、これも運動になります。また、運動するときも息をしているのですから、運動時には呼吸と同時に他の運動をおこなっていることになります。

私たちの日常生活では、それほど深い息をしていません。いわば浅い息をして生活しているわけです。ところが、呼吸法というのはおしなべて深い息をすることで呼吸を整えるもので、大半の人々にとっては非日常的な方法になります。

呼吸法の詳細は後述しますが、呼吸法をおこなう上で、誰にでもできることをまずおさえることにします。

簡単にいうと、**「呼吸は長くする。そして吸う息は短くてもいいが、吐く息は長くなれば長いほど良い」**ということです。

座禅をするときも、吐く息に意識を集中させます。息を吐きながら、気持ちを整えていきます。では、どこまで吐けばいいか？　肺の中の空気すべてを吐き出すつもりでやります。これはまさに非日常的ですが、肺の中の空気を全部出すことで、吸う息が相当強くなります。徹底的に吐くことで、スムースに吸えるようになるのです。

息を吸ったときに腹をふくらませるのが腹式呼吸、肺をふくらませるのが肺式呼吸です。通常、呼吸法では腹式呼吸をおこないます。

それではやってみましょう。

女性の場合、肺式の人が多いといわれていますが、呼吸法は腹式です。肺式の人の場合、息を吸うときに肺を動かさないようにしてください。そうすると自然に腹がふくらんできます。

さっと吸ってから、息を出すときに少しずつ出してください。長く、長ーく、息を吐き続けます。そしていつもなら吐くのをやめて吸うところで、継続して息を吐き続けます。腹がどんどん縮んでいく体感になります。これを続けていくと、「もう、これ以上できない」という感じになりますが、実はまだまだ吐くことができます。そのまま継続して息を吐き続けてください。

あまり無理をする必要はありません。少しずつできるようになればいいので、「これで終わり」だと思ったら、そこで吐くのをやめてもかまいません。吐き終わったら、すぐに息を吸います。そして、同じことを繰り返します。

呼吸法の場合、吸ってから少しずつ息を吐き続け、最後の最後まで息を吐き終わること。これらが一種の型になっています。吐き続けるときは、ゆっくり吐くことのみに意識を集中し、その他の雑念を払います。**息を吐き続けていくと、身体が下に沈んでいき、丹田に意識が向いていきます。**

丹田の場所は下の絵のとおりですが、実をいうと、ここが丹田ということではありません。丹田は内臓ではないので、モノとして存在しているわけではありません。意識が下に向かい、収束していく場所が丹田です。意識のレベルで「このあたりが丹田」という感じです。

最後の最後まで息を吐くというのは、日常生活ではあり得ないことですが、深い呼吸をするために必要な型です。肺の中の空気がなくなるまで徹底的に息を吐き続けると、腹が縮まる体感だけでなく、肺も縮まっていく体感があります。

多少苦しい状態になるので無理は禁物ですが、これができるようになると吸う息が深くなり、機械などを使って計測すれば分かりますが、息を吸う力が相当強くなります。つまり、吸う息で深い息をできるようになります。

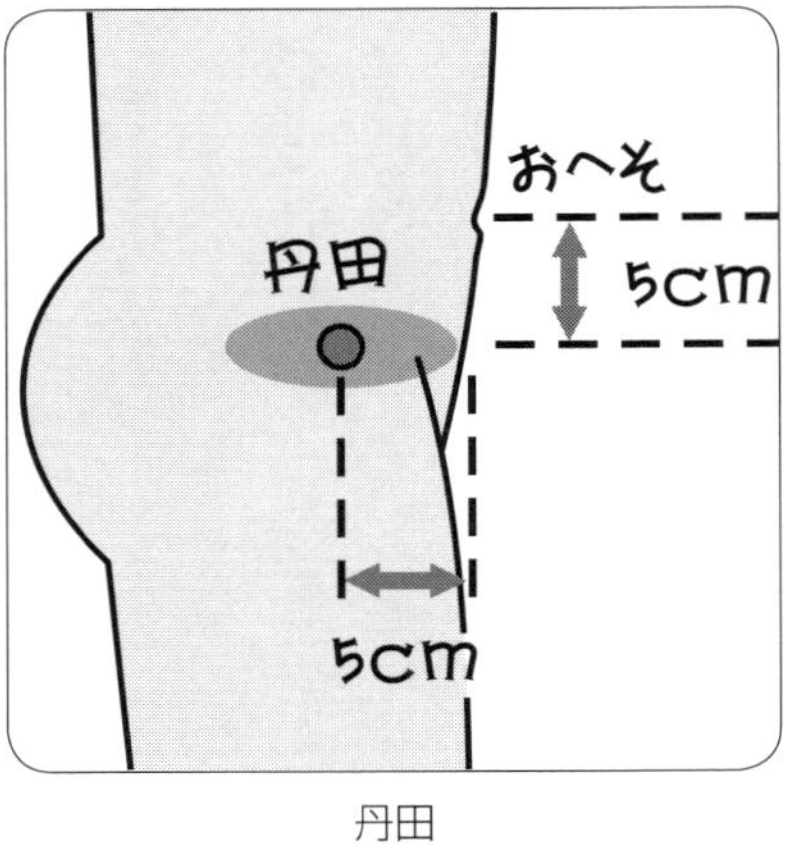

丹田

ここまでが呼吸法の基本の基本です。

次に紹介するのは、伝統的な丹田呼吸法のやり方です。

ここまでに紹介したことができるようになれば、この呼吸法はそれほど難しくはないでしょう。

丹田呼吸法の第一原則ともいうべき基本的なやり方が「三呼一吸法」です。三回の呼気、「ハッ、ハッ、ハァ」の最後の「ハァ」を長く伸ばしに伸ばして出せばよいのです。

次に、息を吸うことと吐くことを詳しく見てみます。

全身はリラックス状態で、肩甲骨は下にさげた状態になっており、息を吸うときには、「地球の内側から上に酸素があがっていく」「足下から頭のてっぺんまで酸素があがっていく」というイメージをもっておこないます。

息を吸い終わったら肩甲骨をさらに緩め、頭のてっぺんから足下に向かって息を吐き続け、もうこれ以上出せないというところまで息を出し続けます。大地と一体化しながら、呼吸が自分自身を取り巻くようなイメージになります。

これで丹田呼吸法についても理解できたと思います。

呼吸法は他の運動と同様、毎日継続したほうが、効果があがります。

これは学校でもやり方を教えることはできますが、家庭で実践してもよいでしょう。マッサージと呼吸法の実践で、健康をまもり、心身の調子を整えてください。

コラム❷

「身体を知ってから」の運動

身体との対話を通して、自分の身体について分かるようになれば、その自覚前と自覚した後では、身体の使い方、すなわち運動のやり方が変わってくるでしょう。

いわば、身体の使い方の加減が分かり、自分が何をどこまでできるかが分かってくるので、その限界内で、自分の身体を合理的に使うことができるようになるはずです。

さらに、これは他者の身体との関わりの場面でも同様で、どの程度だったら押せるのか、どの程度までだったら叩くことが可能なのかなど、その加減を知ることにもなります。

これは他者への理解、配慮につながり、より良い人間関係のベースにもなります。

身体は単なる肉体そのものではなく、人間が生活、活動をするときの礎です。

その礎への理解が深まれば、より良い人間関係の構築も可能になるのです。

第3章

型による学びの工夫

――技と伝統武術にはすごい知恵がある

◉技の型に学ぼう

まず、これまでの復習から始めましょう。

首回しなどは、継続してやっていけば実はいろいろなやり方があることに気が付きます。そのなかで、効果的な首回しについて自分の型をつくろう、というお話をいたしました。自分で型を発見してそれを実践していくのです。誰かに型を習うのではなく、自分で決めた型を実践することから始めると、型の学び方が分かってきます。箸や鉛筆の持ち方はそれほど高度な技能ではないので、型の修得もそれほど難しくありません。

次に、箸や鉛筆の持ち方などは、決まった型を習い、その型にそった使い方をすることで型を学習できることが分かりました。型で学ぶというやり方には段階がある、というお話でした。

では、その次は何か。それが3章の話になります。

それは**「技になるような型」をどのように学ぶか**という課題で、学校体育で実践されている内容ではありませんが、種々のスポーツ種目に応用することが可能な型の話です。

一流アスリートはそれなりの型を修得したあと、自分なりの技を開発し、自分独自のより高度な型を修得しているといえます。アスリート本人が必ずしも型という表現をしているわけではありません。実際、スポーツ界では「基本」とか「フォーム」などといわれることが多いようです。

しかしアスリートの修練には、日本の伝統的な技の修得方法が活かされ、応用されています。**型というのは、単に手足の動かし方だけでなく、意識のあり方なども含まれており、単なるフォームとはいえない面があるのです。**フォームといっている場合でも、実は単なるフォームを意味しているのではなく、型を意味していると理解したほうが良いのです。

◉伝統武術の型、その1――空手の正拳突きは突き抜ける動き

ここでは、私が長年修行している空手と大東流合気柔術の技を事例として挙げながら、型について解説していきます。

この章では、これまで学んできたことの根拠について書いていますから、この章を読んで具体的に何かができるようになるわけではありません。なぜ毎日、運動をするのか、その根拠を理解するための章なので、読者の皆さんが、そこまでは今の自分には必要がないと思われるのならば、読み飛ばしていただいても結構です。

さて、伝統武術には共通の特徴があります。それは、**その武術で最も重要な技を最初に教える**ということです。初心者なのだから、それほどのことができるはずはないだろうと普通は思われるかもしれませんが、生涯をかけてその技を修得する、そんな技を最初に教えるのです。

空手の場合だと、正拳突きがそれです。一言、お断りしておかなければなりませんが、以下で記述している内容は、今日、一般化しているスポーツ化された空手ではなく、琉球王国時代に始まったもともとの空手についての話で、現代の空手とはやり方がかなり異なっています。

まず、突きの基本中の基本は、脇をあけず、絞って絞って絞りぬいて、肩に力を入れずに、手を前に出すことです。つまり、手はまっす

正拳突き

ぐにではなく、内側に曲がり、絞り込まれて前に出される。まず、この手の動かし方を徹底的に身体に覚えこませるのです。

この過程では、スピードをつけて突くことなどできません。とにかく手の動かし方を覚えるのです。正拳突きのような手の動かし方は日常生活にはないので、それを覚えるために反復練習をします。

この動かし方ができるようになったら、次の課題は、**意識のレベルでは、手が相手に到達する、その先の先まで行くように突く**ということです。指先から相手を突き通すような動きになります。

腰を安定させ、土台をつくってから突くのではなく、指先から手が出ていって（拳をつくっているので実際には指先ではなく拳先になっていますが、気持ち的には指先で突き通すような感覚）、それに身体が引かれていくような動かし方です。

正拳が相手にあたったときの態勢は、瞬間的には腰が安定しているけれども、その一瞬のみ。突いた直後には足でギリギリの安定を保って立っている状態になっています。そして突いた瞬間に引手をすばやく引く。突きよりも引手のほうが早いぐらいに、引く。引手が早く確実になされないと、突き手の威力が十分に出ないのです。

私は剣術の経験はありませんが、空手と同じ原理だと考えられます。剣から先に出ていき、剣を持つ身体がそれについていくという方法になります。相手を切ると瞬時、腰が安定しますが、同時に次の動きが始まるので、まさに一瞬の出来事となります。つまり、まず土台を作ってからその後に切るといった、一般的に思われているようなスポーツ的なやり方とは異なるのです。

初心者が意識すべき型は、「脇をあけないこと」「引手を早く引くこと」、この二つです。

呼吸法は腹式呼吸で、突きを出すときに少しずつ吐く。相手を攻撃するときに息を吸うことはあり得ません。

突くときには、スナップをかけたり、腰を入れてから突くなど、日常でやっているような身体の動かし方は一切、しません。スポーツのやり方とは異なるのです。このようなやり方だと相手から攻撃をこうむった場合のダメージがより大きくなります。

突く時にはまず指先が動き、いわばその「一番列車」に牽引されるようにして次々に他の身体部分が動くだけで、身体が「ひとつのかたまり」として動くということは一切、ありません（1章の「女形」のところで述べたのと同じです）。手首は素直に回転させるだけで、その際、手首をひねってスナップをきかせるようなことはしないのです。

正拳突きが正しくできるようになると、拳が相手から見えなくなります。もし、相手の方から拳の動きが見えていると仮定すると、一度突いたのと同じとおりに拳が運ばれ、まったく同じ動きになります。つまり、まったく同じ軌道で、同じ場所を同じように突かれる、ということです（普通の人では突きの一回一回が別々の軌道となり、同じ場所を突くことができません）。

そして拳が相手の方に飛んで行き、それが突き抜けるような感覚になります。つまり、当たるのではなく、当たって突き抜けていくという動きになります。

このときには、あとでご紹介する大東流合気柔術でも同様なのですが、ある不思議な現象が起きます。**別次元の世界に入った感覚**が生まれるのです。

◉オキシトシンというホルモンの驚くべき働き

空手の正拳突きは、実は剣術の剣の動かし方と同じです。これは体育授業でおこなわれている剣道のやり方にも通じています。

江戸時代まで一般的であった剣術、つまり真剣を使った修行をする武術において、相手を正面から切る場合、**剣そのものではなく、剣先の先が相手を切るという意識が必要になります。**空手でいえば、先ほどの、正拳の先が相手を突き抜けるのと同じです。実際には剣先の先には何もないのですから、意識によってそれを設定することで「技」にしているといえます。

これについては、最近のホルモン研究が参考になります。次節で紹介する大東流合気柔術では、オキシトシンというホルモンの伝達で相手を気持ち良くさせて戦闘状態を解除し、平和状態をつくりだすことによって技を展開するという理解がされています。

オキシトシンについて簡単に説明をしておきましょう。

よく知られているホルモンの一種にアドレナリンがあります。これは相手と戦闘状態になったとき、その戦闘状態を乗り切るためのホルモンです。これを相手に向かって出すと相手も刺激されて防御の態勢を取り、戦闘状態になった人間同士のバトルになります。そして実は、この状態になると攻撃がしにくくなるのです。

一方、セロトニンというホルモンの名前を聞いたことのある方は多いと思います。セロトニンというのは神経伝達物質の一つで、これが十分にあって作用していれば精神や睡眠が安定します。

このセロトニン以上の効果をもっているのがオキシトシンです。オキシトシンが出ると、例えば攻撃をする素振りをしても、相手はそれに対して対応ができなくなってしまうのです。相手は気持ちが良くなっているのでその気持ちを長持ちさせようとする、つまり快感原則に逆らえなくなり、結果、戦闘状態が解除されるのです。

剣術も同様で、剣先の先からこのオキシトシンを出し、それが相手に浸透する。剣先の先で切るというのは、相手にオキシトシンを浴びせ、それによって戦闘状態を解除することを意味します。いわば「オキシトシンで切られたあと」に、実際の剣で切られることになるのです。空手においてもオキシトシンを相手にあびせて無力化したあと、正拳が相手の身体を突き抜けることによって、破壊力のある突きができるのです。

剣術では、剣先の先の「気」で相手を切るという見方もあります。オキシトシンを気と置き換えているという解釈もできますが、気という概念はホルモンを含みながら、また別の意味も持つものと考えられます。その意味で、オキシトシンは気に含まれるものと考えておいてよいかと思います。

現代科学では、合気がオキシトシンの効果であることは実証されていますが（ここで合気というのは、大東流合気柔術での技のかけ方の基本的原理を指します）、なぜオキシトシンが出るのかは解明されていません。**至高の達成感を感得できるいわゆる「フロー」などの現象も、このオキシトシン効果である程度の説明ができる**ものと考えられています。

さて、体育の授業でもこのオキシトシンが出てくると子どもたちは皆、幸せ感に包まれるので、これが出るような授業が望ましいでしょう。

◉伝統武術の型、その2――大東流合気柔術の合気とは「気の使い方」

次に、私が長年にわたって研鑽を積み、免許皆伝となった大東流合気柔術の修練から、技の型についてご紹介いたします。

最初に習うのが極意であるというのは大東流合気柔術でも同じです。最初に習う「合気あげ」、次の「合気さげ」、この二つが極意であり、いわゆる基本技です。この二つの型を修得できれば、あとの技はすべてその応用になっているのです。

まず、「合気あげ」です。

相手から両腕をしっかり握ってもらい、握られたその腕を、実際はあげるのではなく方向を変えるのが合気あげです。

握っているほうは重力にまかせて相手の両腕に乗っかり、体重をかけて持っています。それに対して、相手の力の方向を変えると同時に、握るという行為を無力化するのです。単に無力化するだけでなく、相手の腕のコントロール権を奪ってしまう。そうすると、相手はこちらのなすがままになります。

これは十年以上継続して練習をしてもできない人もいて、活字化された文献もほとんどないのが実情です。それだけ奥行きのある技であることを理解していただければと思いますが、以下で解説をしてみます。

まず相手が、私の手首を強くつかんでいるとしましょう。私は握られたところには一切、意識を向けず、動かせるところだけに意識を向けます。

私が肩甲骨を下げると、私の拳の小指が上の方を向くかっこうになります。次に、手をパッと開き、そして「指先の先」に指があるつもりで、その指を上に向けるようにする。

手指の形とその動きのイメージを伝えるために、ちょっと比喩的な説明をしてみます。

丸い風船を左右から両手で把持する手指の形を思い浮かべてみてください。その風船の玉の球の形にそって、手のひらを、球の下から手前へと動かすような感じ、といえば伝わるでしょうか。時計盤でいえば、3時から9時までの文字をなぞるような曲線（立体的な球の形をしている曲線）を描く感じです。

合気あげ

この曲線はあくまで、力が働く方向のイメージと思ってください。実際には、私は肩甲骨を下げて指を開き、親指（小指）を上方に向けるだけです。

しかし**その一瞬、技をかけている相手方は、何か次元が変わったような感覚に襲われる**のです。上から力で抑えて持っている相手方は、つま先立ちにならないと、握っている手を私につけておくことができなくなるのです。

地面と平行なシーソーの、こちら側（私）と向こう側（相手方）で、双方がシーソーの先端にそれぞれ手をかけているとしましょう。そのとき、私のほうの先端がすっと下がることで、相手方は上に向けて姿勢を崩されるような感じです。

この瞬間、相手は一種パニック状態になり、自分の身体を自分でコントロールすることができなくなります。

これが合気あげで、その型は「自分の指の先を瞬時、上に動かすこと」です。多くの人々は身体の力みがとれず、持たれたところに意識が集中し、持たれた手をはずそうとしてもはずせないという状態になってしまいます。

実はこのときにもオキシトシンが作用しており、相手を気持ち良くさせながら、相手の自由を奪う技になっているのです。

もうひとつの「合気さげ」は、相手から手を握られた状態で、最初は合気上げと同様にこちらは肩甲骨を下げて相手を浮足だたせ、同時に、そのまま重力に逆らわず、相手が後方に倒れ込むように姿勢を崩

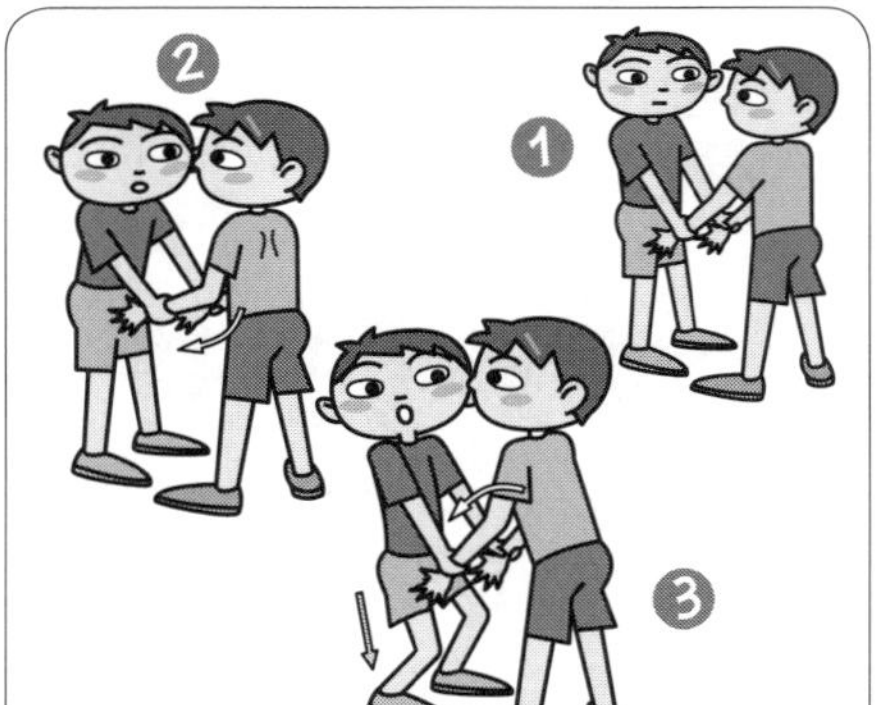

合気さげ

していく技です。

先ほどの時計盤の比喩でいえば、まず3時から9時の文字を辿るような力線で相手の姿勢を崩したあと、次に9時から3時の文字を辿るような力線を描くイメージで、相手を後方に崩すのです。

このやり方は合気あげと同様、指の先の先を上下に動かすだけのことです。技をかけられた方は、自然に、重力に従ってそのまま自身の後方に向かって崩れ落ちていくのです。

◉「別次元に入った感覚」ってどんな感じ？

「別の次元に入った感覚」「次元が変わる感覚」についての学問的な説明は困難です。しかし現象面にしぼった説明ならば、いくつかのことが考えられます。

私たちは通常、空間的な三次元に時間の一次元を加えた四次元の世界が現実だと思っていますが、量子力学が解明しているとおり、世界は五次元、六次元、そして多次元から成り立っています。そうであるなら、私たちが何らかの要因で四次元の世界から別の次元に移ってしまうときがあるとも考えられます。

崖から飛び降りて運良く生き残った人が、「落ちるまでに一生分の時間が感じられた」と語ったという話があります。これをただ単に個人の印象や心理の問題として考えることは難しい。落下のさなか、その人が別の次元にいたことを考えさせられる話です。

大東流合気柔術の達人にかなり宗教的な人物がいるのは、別次元に入ることの説明を宗教に求めているともいえるでしょう。実際は、宗教的なレベルで考えなくとも、別の次元だと考えればいいだけです。こちらはオキシトシンで満たされているので相手は気持ちが良くなるだけで、こちらが何をしているかなどに関心をもてる状態ではなく、こちらを捕らえようと思っても捕らえることができません。こちらはスルスルと抜け出してしまうのですから。

相手はこちらを目で見て存在は確認できるものの、こちらは相手の次元にはいないので、とどめることができないのです。結果、相手は完全無抵抗の状態におかれ、こちらの思うように動かされてしまうのです。

◉型をつくってはいけないという教えの「真意」

大東流合気柔術の達人、故・佐川幸義は、**「型をつくってはならぬ」**といったと伝えられています。ここでいう型とは、本書で考えてきた型ではなく、手足の動かし方といった意味の型でしょう。見た目では同じようになっていても、同じ技にはなっていない。見た目の手足の動かし方のレベルでは、合気にはならないといっているのです。

逆にいえば、見た目が違っていても本質的に同じになっているならば同じ技になる、ということです。箸や鉛筆の持ち方の型は、まさに見た目において同様の手足の動かし方に基づいていますが、さらに深い意味での本来的な型は、見た目のレベルで分かるのではなく、見た目をこえた原理原則に基づく技の型を意味するのです。

確かに大東流合気柔術の場合、型稽古はありません。あるのは、相手からの攻撃に対する返し技の稽古です。いかなる攻撃がきても、同じ原理で反撃できるように稽古しているといえます。しかし型がないのかというと、そうではありません。前述のように、合気あげと合気さげにはちゃんと型があります。

ただし、再び、注意が必要です。合気あげと合気さげの型は、それこそ箸や鉛筆の持ち方の型のように、一応、手足の動かし方において表現されてはいますが、**問題は、通常は見えない動き、単なる手足の使い方では**

ない型であるということです。意識には現れないレベルの、事実上、別次元で意味をもつ動きにつながっているのです。「手の指先の先を動かす」といった表現はまさに、そうした次元に触れようとしているのです。

また、一般の人々にとっては「気」といわれてもその意味が分からないでしょうし、その流れといわれても理解できないでしょう。気の流れというのは、ホルモン・レベルでいえばオキシトシンを分泌させ、その分泌を継続させることです。通常の四次元の世界にはないことをやろうとしているので、このような表現になるのです。

以上、箸や鉛筆の持ち方の型から、武術レベルの型まで解説してきました。

簡単にできる型もありますが、よりレベルの高い武術の型は、単なる手足の動かし方ではないことをご理解いただけたのではないでしょうか。

運動の楽しみというのは、できる型から始めて、より高い型を修得できるようになることにあるのです。

コラム❸
緊張状態を知り、緩和するための運動

立った状態で腕を前に出して、地面と平行にまっすぐに伸ばします。

ここで、緊張をといてください。当然ながら、腕が下に落ちていきます。

もちろん、立っているのですから、体全体を完全にゆるめたわけではありませんが、この運動で、緊張をといた状態についての感覚は知ることができます。

一回一回、どんな感覚になるかを確認しながら、これを一〇回やります。

どうですか？　これが、重力にそのまま動かされる感覚です。

ゆるめるのですから、力を入れて落としてはいけません。「自然に落ちて」ください。

おそらく、大半の人たちにとって初めての感覚でしょう。

何だかスーっとしてきたのではないでしょうか。

毎日、緊張した生活を送っていると、この感覚から遠くなってしまいます。

緊張状態についてある程度分かるようになると、関節の部分が緊張していることに気づきます。関節から完全に緊張がなくなると人間は立っていられなくなりますが、この緊張の度合いが高すぎると、手足の運動が円滑にできなくなります。

関節をゆるめる運動をすることで、緊張した状態とは何かを知り、その緊張の緩和の仕方を修得しましょう。

第４章

幼稚園・保育園や小学校で取り入れたい「型」

――簡単なドリル（演習）で型を習得しよう

◉体育授業には共通する「型」がある

3章までは一人でできる「型」について学びました。

元来、これらは成長過程において日常生活の中で何度も繰り返されることによって身につけたものです。以前は、子どもたちの遊びの中に健康に生きていくための土台となる型や、スポーツの技術や動作の基礎となる型が隠されていました。竹馬・めんこ・コマ回し・鬼ごっこ・かくれんぼなど、あげればたくさん思いつきます。しかし、それらの遊びは今ではほとんどおこなわれていません。ほとんどおこなわれていないどころか消滅しているといってもいいでしょう。

現在は、子どもの遊びとして思いつくのはテレビゲームくらいしかありません。ですから、幼稚園や学校の体育で意識的に身体動作の原理となる型を学ばせる必要があるのです。

型というと何かかた苦しい、そして古いもののようにイメージしている方がいるかもしれませんが、**本来型は体の使い方の原理（基本）のこと**で、同じことを何度も繰り返すことだけを意味するのではありません。日常動作やスポーツなどが上達するための原理のことなのです。

そして、その型を土台として武術などの技ができています。スポーツにおいてもこの身体動作の原理（型）を取り入れることによって高いレベルに達することができます。

この章では、それらを踏まえて主に**保育園・幼稚園、小学校低学年までに身につけさせたい型**を見ていきましょう。

体育授業などでは様々な教材が取り扱われていますが、それらに共通する型が存在します。それらの型とそれぞれの型を習得するためのドリル（演習）を紹介しました。

保育士や幼稚園・小学校教諭の方々はぜひ、授業などで取り入れてみてください。

◉腰を立てると動きやすくなる（胸を張ると腰が立つ）

まず、園児や児童に習得させせたい型が「腰を立てる」ことです。

私たちは小学校に入学以来、ある「立ち方」を何千回も繰り返してきました。それは「気をつけ」です。「気をつけ」は体育の授業だけではなく、園や学校生活のあらゆる場面で用いられてきました。

しかし、「気をつけ」は健全な日常生活やスポーツ技術や動作を身につけるための基礎、つまり型としては不都合な姿勢なのです。「気をつけ」については6章で詳しく取り上げますが、ここでは、健全な日常生活やスポーツ技術や動作の習得に必要な「腰を立てる」ことを学びましょう。

私たち日本で育った人々は骨盤が後傾しやすいといわれています。例えば、日本人と欧米人やアフリカ系の人を比較するとよく分かります。

下の写真を見てください。日本人大学生とアフリカからの留学生の立位姿勢の比較です。「自然に立ちなさい」と指示しました。

比較すると一目瞭然です。日本人学生は骨盤が後傾していますので上体が後ろに反り気味になっています。一方、アフリカからの留学生は骨盤が前傾していますので、少しお尻が後ろに出たような姿勢になっています。そして、上体が後ろに反らずに、少し前傾していることが分かります。

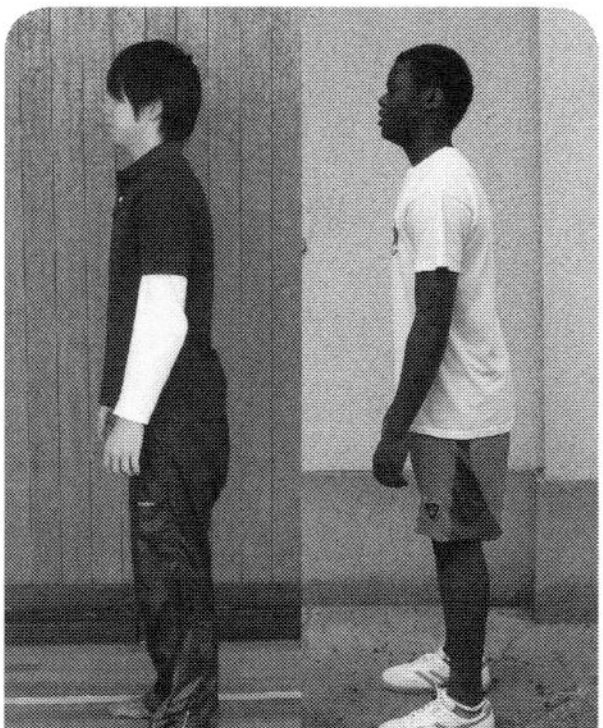
日本人と留学生の立位姿勢

実は、このことは日常生活やスポーツなどに大きく影響しています。骨盤が後傾しているということは、体が前には進みにくいということを意味しています。逆に、後方に移動させやすいのです。

よって、日本の伝統的身体運動は、原則として体を後方に引き込むことによって成り立っています。

例えば、大工さんが使用するノコギリやカンナは刃の向きが体を後方に移動させながら木材を斬ったり削ったりするようになっています。しかし、海外では刃の向きが逆で体を前方に押し出すようになっている場合がほとんどです。

ですから、日本人がスポーツなどに挑戦するときには骨盤を前傾させることが大切です。この骨盤を前傾させることを「腰を立てる」といいます。このことは、現在では多くのスポーツの専門家が指摘するようになりました。陸上競技では、骨盤を前傾させること（腰を立てること）が速く走るための条件であるともいわれるようになっています。

それでは、腰を立てるにはどうしたらいいでしょうか。

実は簡単に腰を立てることができるコツがあるのです。それが、胸を張ることです。椅子に座ったままでも結構ですので胸を少し前に突き出すようにしてみましょう。腰が立ってきます。

逆に、胸を閉じると腰が後傾します。ぜひ、この胸を開閉する動作を繰り返してください。容易に腰が立つようになります。

【ドリル1：胸の開閉】

正座するか椅子に座ります。体育館などではシューズを脱いで正座することをおすすめします。その状態で、胸を開いたり閉じたりします。胸を開くと骨盤が前傾し、閉じると後傾します。この動作を二〇～

三〇回、繰り返します。

正座か椅子に座っておこなうのは、そのほうが腰から下の動きが制限されるからです。「胸の開閉」のドリルは立ってでもできますが、腰から下が不安定になる（動いてしまう）ために上級者向けのドリルになります。最初は座っておこなうほうが効果が早くあらわれます。

◉つま先と膝を外に向けると力が出る（安定する）

「腰を立てる」ことの次に重視したい型は「つま先と膝を外に向ける」ことです。

保護者や指導者の中には、つま先は外に開かず、膝を内側に絞ることがいいと教えている方も多いのではないでしょうか。実際に、そのように準備姿勢や構えをとらせている場面を多く見ます。

日本では長い間、あらゆるスポーツで左右の膝を内側に絞るようにすることが大切であるとされてきました。

しかし、この方法は子どもたちに学ばせたい型とは逆なのです。本来は足先が外を向く状態がいいのです。

簡単な実験をしてみましょう。二人で向かい合ってお互いの肩に手

胸の開閉

バレーボールなどの準備姿勢

をあてます。つま先を六〇度ほど開いてお互いに押し合います。

次に片方がつま先を閉じて内またにしてください。もう一方は、つま先を九〇度程度開きます。そして、先ほどと同程度の力で押し合ってください。

次に、つま先を開くほうと閉じるほうを入れかえておこなってみてください。つま先を開いているほうが容易に相手を押せると思います。

このように体を前に押し出すときにはつま先を開いたほうが、力が出るのです。

さて、つま先を外に向けるというのはどのようなことでしょうか。

ここではつま先を外に向けると表現しましたが、**大切なのは膝がしらの向きをつま先の向きと一致させること**です。

つまり、膝がしらの向きを外に向けることが大切です。膝がしらの向きは股関節の状態をあらわしています。膝がしらが外を向いていることは、大腿骨が外に回っていることを意味しています。

膝がしらが内側を向いているときはその逆です。大腿骨が外に回っている状態を「股関節の外旋」といいます。

股関節が外旋していることが「型」であることに違和感をもつ方も多いと思います。すでに述べたように日本では膝を内側に絞るようにして「内旋」をつくりだすことがいいとされてきました。

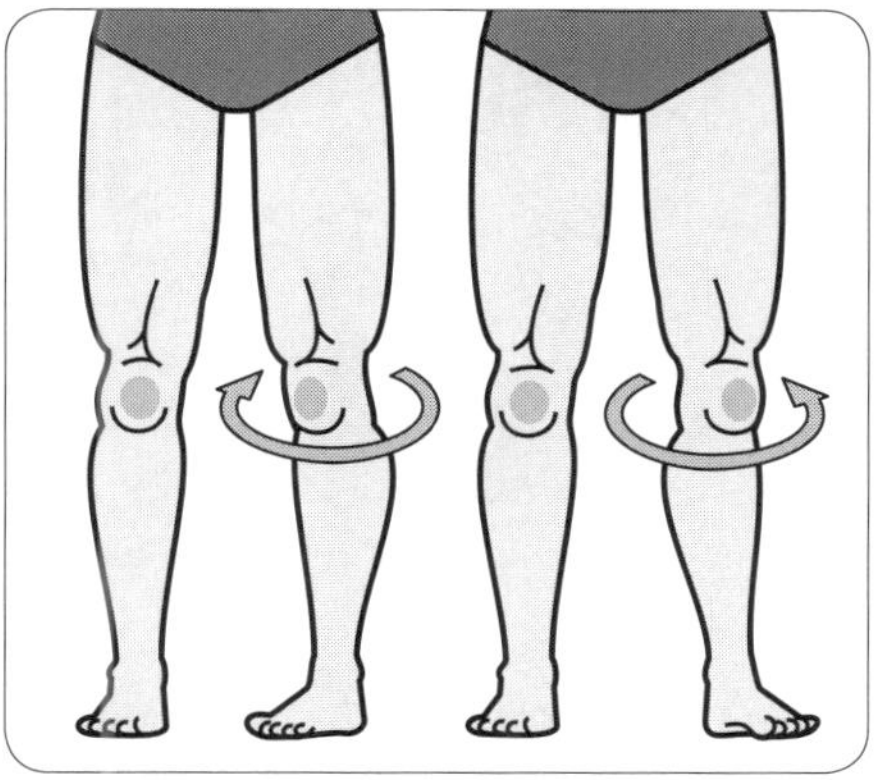

股関節

押し合う。つま先の向きに注意

しかし、それは錯覚なのです。股関節を内旋状態にしたほうが力が出るような気がするのです。この股関節を外旋することは元来日本人が得意な型なのです。

その代表は「相撲」です。相撲の動作や鍛錬方法は股関節外旋が型であることを見事にあらわしています。

【ドリル2：四股スクワット】

つま先と膝を外に向ける、つまり股関節を外旋させる型を身につけるためのドリルを紹介します。

最も効果があるのは相撲の「四股」なのですが、幼児や小学生にはかなり難しいと思います。そこで、比較的容易にできるドリルを紹介します。それが「四股スクワット」です。

両足を肩幅より少し広く開いて立ちましょう。足先は、九〇～一二〇度程度外を向けます。両手を前に出します。この状態から、腰を下ろしていきます。そのときに、つま先の方向と膝がしらの方向が一致するように注意してください。

腰が膝の高さになるまで腰を下ろします。腰（骨盤）の角度が変わらないように気をつけてください。

このスクワットを五～一〇回ほど繰り返します。

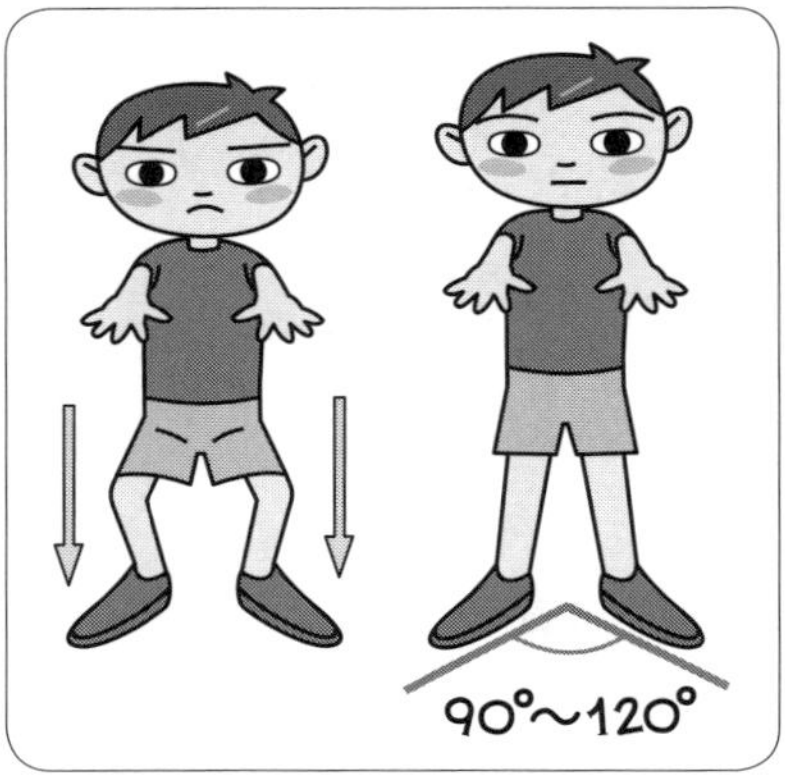

四股スクワット

相撲は股関節外旋

◉脇をしめると腕に力が入る

さて、次の型は「脇をしめる」ことです。

まず、ここでも簡単な実験をしてみましょう。二人一組になって向かい合って立ち、両肘を伸ばし、手と手をあわせて押し合ってみましょう。

そのときに、手の向きを変えてみます。片方の人は手の向きを「八の字」に、もう片方の人は「逆八の字」にして押し合ってみます。手の向きを交代して何度か試してみてください。

「逆八の字」で押したほうが楽に押せたと思います。よほどの筋力や体重差がない限り、「八の字」にした人が押すことはできません。

このときの手の向きと肘の関係を確認してみてください。手の向きが「逆八の字型」の場合は肘が下を向いています。「八の字型」では肘が横を向いています。脇をしめることの本当の意味は、手の向きが「逆八の字型」の場合のように肘が下を向くことをいいます。決して、上腕(肘から肩まで)が胴体に密着することではありません。

さて、この脇をしめることは人によって得意な人と不得意な人の差が大きいのです。

実は、もともと脇がしまっている人と、そうでない人がいます。立っ

両手を合わせて押し合う

間違った脇のしめ方

たままでも座ったままでもかまいませんので、その場で「前にならえ」をしてください。手のひらが向かい合うようにして両手をまっすぐ前方に水平に上げます。そのときの肘の向きを確認してください。肘が下を向いて脇がしまっている人もいれば、肘が外を向いて脇がしまっていない人もいます。

【ドリル3：脇をしめる】

自然と脇がしまるようになるドリルを紹介します。

棒を用意します。その棒を両手で手の甲が上を向くように握ってください。肘を伸ばします。その状態で、肘が下を向くようにストレッチしてください。

棒がない場合は、机などの端を持っても結構です。毎日、二〇～三〇回程度でも徐々に脇がしまってきます。

◉肩を適正位置に保つと腕が楽に動く

さて、脇をしめることを型として紹介しましたが、脇がしまるためにはもう一つ大切な型を習得することが大切です。それが肩を適正位置に保つことです。

脇がしまる

脇をしめる上腕の外旋ストレッチ

肩を適正位置に保つとはどのようなことでしょうか。

まず、肩と腕について、その構造を整理しておきましょう。多くの人は、腕は肩から動くと感じています。しかし、腕の動きの起点は肩ではないのです。ご存じのように肩関節は固定されていません。腕と一緒に動きます。

肩関節から体の中央部を触っていくと鎖骨があります。鎖骨を触りながら肩を動かしてみてください。鎖骨も動きます。しかし、鎖骨が胸の中央の骨（胸骨）とつながったところに手を置いて肩を動かしてもほとんど動きません。

この鎖骨と胸骨をつなぐ関節を胸鎖関節といいます。左右の胸鎖関節が腕の動きの起点です。そして、肩関節のある肩甲骨は肋骨の上をすべるように動きます。つまり、肩（肩甲骨）は肋骨の上でとても不安定な状態にあるのです。そのために、適正位置に収めることが難しいのです。

また、日ごろの姿勢で肩甲骨の位置を意識する人はほとんどいません。楽に立って、まっすぐに両腕を垂直にあげます。手のひらを前に向けて、真横に両腕を広げながら下ろして体側につけてください。その位置がほぼ肩甲骨の適正位置です。

それよりも肩甲骨が前に位置する場合を「前肩」、後ろに位置する場合を「引肩」といいます。現代人は、日常生活や労働形態からほとんどの方が「前肩」になっています。

日頃から肩を少し引き気味にして適正位置を心がけたいものです。

【ドリル4：肩を収める】

それでは肩を訂正位置に収めるドリルを紹介します。

まず、楽に立ってください。そして、すでに紹介しましたように、ラジオ体操第一の最初の運動の要領でまっすぐに頭上に手をあげて、真横に下ろしてください、これを二〜三回、繰り返します。

次に、体の前で手のひらを上に向けます。そして、大きく両腕を後ろに振るようにします。そのときに親指を後方に引くように意識してみてください。

この動作を一〇回ほど繰り返します。徐々に肩が適正位置に収まり脇がしまるようになります。

◉膝を曲げて動くと重力を利用できる

次の型は「膝を曲げて動く」です。正確にいうと「膝を曲げて動き出す」です。

ここでも実際に体を動かして簡単な実験をしてみましょう。

両足を腰幅くらいに開いて立ってください。一メートルくらい前方の地面（床）にラインを引きます。左右どちらの足からでもいいですが、一歩でそのラインまで体を前進させてください。

どのような方法で一メートル前進しましたか。

このときに大きく二つの動き方があります。

膝を伸ばして地面を蹴って前進

肩甲骨の適正位置

一つは膝を曲げて一メートル先まで跳ぶようにして移動する方法です。どちらかの足で地面（床）を蹴って重心を持ちあげて前進します。ほとんどの方はこのように前進したと思います。

しかし、これとは違う前進の仕方があります。立ったまま少し前に倒れます。このときに、両足のかかとを上げないようにします。そして、着地脚（前に出す脚と反対側の脚）の膝を曲げるようにして一歩ふみだしてみてください。

この二つの前進はどのように違うのでしょうか。

最初の方法は地面を蹴るようにして前進しています。二つ目の方法は、地面を蹴らずに体を地面に引っ張らせるようにして前進しています。

どちらが楽に前進できたでしょうか。慣れてくるとはるかに後の方法が楽に動けます。もう少し詳しくいうと、最初の地面を蹴る方法は自分の「筋力」を使って動いていますが、後の方法は主に「重力」を利用して動いています。

このように、大雑把にいうと動作には主に筋力を使って動く方法と、重力を使う方法があるのです。**実は、あらゆるスポーツなどで上手に動いている人は筋力だけではなく重力もうまく利用して動いています。**筋力だけに頼る方法はすぐに疲れてしまいますが、できるだけ重力を利用すると楽に動くことができるようになります。

この**できるだけ重力を使う動き方こそ、生徒や児童に身につけさせたい型といえるでしょう。**

着地脚の膝を曲げながら前進

さて、それでは具体的にどのようにすれば重力をうまく使って動くことができるのでしょうか。重力をうまく使うためには膝を曲げながら動けばいいのです。

先ほどの二通りの前進の仕方をもう一度試してみてください。

筋力にたよる動き方は、膝をいったん曲げてつま先で地面を蹴るようにして膝を伸ばしながら動き出しています。一方、重力をうまく利用する方法では、伸ばした膝を曲げながら動き出しています。動き出すときの膝の動きがほぼ逆になっているのです。

実は、幼児や低学年の児童は生まれながらに膝を曲げる方法を身につけています。その後、体育の授業などで地面や床を蹴る方法を教えられてしまうのです。

では、膝を曲げて動くためのドリルを紹介しましょう。

【ドリル5：ジャンプスタート】

スタートラインを引いて五メートルほどダッシュしましょう。そのときにスタート前に軽くジャンプします。ジャンプすると着地したときに自然と膝が曲がります。その動きを利用するのです。「膝を曲げて……」と指示する必要はありません。ジャンプしたらそのまま自然に走り出すようにします。

この方法は、「スプリットジャンプ」とか「プレジャンプ」などと言います。最近では多くのスポーツ種目や分野で見られるようになりました（90ページのイラストを参照して下さい）。

◉腰を安定させると速く走れる

さて、走るときには「腰」は大きく水平回転（ローリング）したほうがいいでしょうか。それとも、しないほうがいいでしょうか。

以前は、走動作の指導では大きく腰を回転させることがいいとされてきました。右足を前方に振り出すときには右腰が前に、左足を前方に振り出すときには左腰が前に動くことがいいとされてきました。現在でも、そのように指導されている方も多いと思います。

腰を大きく回したほうが歩幅が広くなるので速く走れるとイメージしているのかもしれません。そして、大きく腰をローリングさせるためには左右の足を一直線上に置くように走ることがいいと考えている方も多いと思います。

しかし、**ローリングが大きい走りは無駄が多い走りなのです。**

例えば、走行中に左足が接地して右足が前方に振り出され、右腰が前方に動くようにローリングしているとします。上から見ると腰が反時計回り（左回り）に回転しています。このときに何もしないと体全体は左に回ってしまいます。そこで、左腕や左肩を前方に振り込んで、その回転を補償して（打ち消して）いるのです。

そのような走りは、体幹（胴体）を大きく捻りながら走っていることが分かると思います。そして、左右の足を振り出すたびに体幹を捻り戻さなければならないために、とてもロスのある走法であることが分かります。

陸上競技の走競技のように両腕を振ることができる場合はある程度

走りと腰の回転

はいいのですが、ラグビーやサッカーなどのように手でボールを保持したり急激な方向転換を必要とする走りでは、非合理的であることが分かると思います。

そこで、腰が大きくローリングしない走りが必要になってくるのです。腰をローリングしない走りこそ園児や児童に習得させたい型といえます。

それでは、どのようにすればローリングしない走りができるでしょうか。

それは、**とても簡単です。一直線上ではなく、二直線上を走らせるのです。**両足の左右の歩幅（歩隔といいます）をほぼ骨盤幅に保ったまま、両足が二直線の上を通過するように走ります。実際に走ってみてください。それだけで腰が大きくローリングしない走りが実現します。

実はこの走りは生まれながらの自然な動作ともいえるのです。

幼児の走り方を観察してください。体幹を捻って一直線上を走っている子どもはいないことに気づきます。しかし、脳が発達するとともに、身体に安定を求めるためか、また大人の走歩行を真似するためか、徐々に一直線上を走るようになります。

【ドリル6：二直線上を走る】

腰がローリングせずに走るために二直線を走るトレーニング

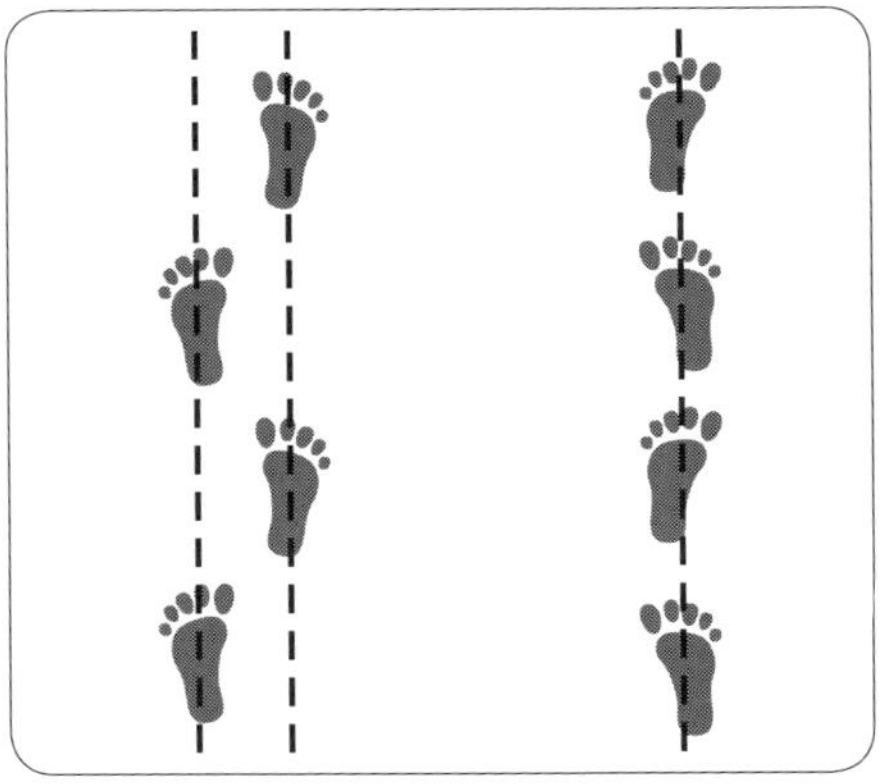

一直線上と二直線上を走る

幼児の走り

をします。しかし、この二直線の走りが上達するためには二直線上を踏むのではなく、一直線をまたぐように走ります。

さらに、ローリングしない走りを実現する大切なコツがあります。それが、「外旋着地」です。

外旋着地とは、すでにご紹介した「つま先と膝がしら」が外を向くことです。児童・生徒らの走りを観察すると実に様々な方向を向いています。


さて、体育の授業や、園・学校での行事、または日常生活で習得させたい型を取り上げてきました。そして、その型を習得するためのドリルを紹介しました。

これらを、できれば準備運動で取り上げていただきたいと思います。

毎時間、少しずつトレーニングすることで比較的簡単にこれらの型を身につけることができます。

第5章

一流スポーツ選手の動きも、「型」の組み合わせと応用でできている

――「走る」「投げる」「動き出す（スタート）」

前章で、幼稚園（保育園）や小学校で取り入れたい型を六つ紹介しました。これらの型はそれぞれのドリルを繰り返すことによって習得することができます。

この六つの型を授業の準備運動などに取り入れることによって、効果が徐々にあらわれます。

この章では、それらの型が実際の体育教材でどのように活かされるかを見ていきたいと思います。

◉かけっこ（走る）――一流スポーツ選手が胸を張って堂々としているワケ

まずは「走る」から見ていきましょう。

ドッジボール・バスケットボール・サッカー・野球（ソフトボール）など、多くのスポーツでは走ることが基本です。

幼少時には「走る」ことの基礎とともにそのイメージを身につけさせたいものです。

まず、走りの基本は「姿勢」です。

すでに66ページで取り上げましたように「腰を立てる」ことによって前に進みやすい姿勢になります。腰を立てるための操作は何だったでしょうか。「胸を張る」ことでした。

胸を張ることを意識しながら走ることは困難ですが、簡単なコツがあるのです。それが両肘を少し引くことです。その場で立って走るときのように両腕を曲げてください。そのときに、いつもより少し肘を

走る姿勢：肘を引く

引きます。そうすると、自然と腰が立つことが感じられると思います。

次に走る指導で確認したいことにつま先の向きがあります。すでに紹介した「外旋着地」です。

この着地方法はオリンピックに出場するようなトップアスリートも同様です。

下のイラストはある有名な選手の疾走時の写真を元に描いたイラストです。足もとを見てください。見事に外旋着地しています。

【ドリル6】（79ページ）でも紹介しましたが、ここでは少し詳しく見ていきましょう。

外旋着地

子どもたちの「走り」を指導するときには、外旋着地の子どものつま先をまっすぐに進行方向に向けるように指示しないことが大切です。つま先や膝がしらを進行方向に向ける必要はありません。

それでは、つま先や膝がしらがまっすぐに前を向いている子どもにはどのように指導したらいいでしょうか。つま先や膝がしらを外に向けるように指示してはいけません。そのように指導すると、膝がしらの向きはそのままで足先だけ外を向く子どもがほとんどです。怪我をする要因になります。【ドリル2】（70ページ）の外旋スクワットを十分取り入れながら徐々に足先の向きを変えるように指導しましょう。

さらに、走りの指導で大切なことは腰が水平回転（ローリング）しないようにイメージさせることです。そのためには、【ドリル6】で紹介しましたが、実際の走りの授業では一直線をまたぐように走らせると効果があります。

運動場などに白線を一本引いたり、体育館などのラインを利用してください。その直線を踏まないように走ります。そうすることで着地脚ではなく遊脚（踏み出す脚）のイメージがつくられます。このイメージを「遊脚感覚」といいます。幼少時にぜひ身につけさせたい感覚です。

◉かまえ（準備姿勢）――いつもつま先に体重をかけていると動きにくいワケ

次は「かまえ」（準備姿勢）についてです。

例えば、ドッジボールやソフトボールなどボールをとるための「かまえ」（準備姿勢）はどのようにすればいいでしょうか。足裏に意識を向けてみましょう。準備姿勢のときに足裏のどの部分に体重をかけるといいでしょうか。つま先や拇指球（足の裏の親指の付け根にあるふくらみ）に体重をかけるようにしているかもしれません。しかし、**前後左右、どの方向にも動きやすい「かまえ」では、足裏全体に体重がかかるのです。**

ここでも体を使った簡単な実験をしてみます。

体育館や家の中で素足になってください。楽に立ちます。そして、かかとを上げないようにして、両足のつま先で床（地面）を押してみます。体はどちらに倒れますか。前に倒れた人はつま先で床（地面）を押したのではなく、体を前方に倒したのです。

体を前方に倒すことなくつま先で床（地面）を押すと体は後ろに倒れようとします。分かりにくい場合は、後ろから背中を押してもらってください。前に倒れないためには、足裏のどこで踏ん張るでしょうか。つま先だと思います。つまり、**つま先はもともと体を後進させたり、前進をストップさせる役割があるのです。**

それでは同じように立って、かかとで床（地面）を押してみましょう。どちらに倒れますか。後ろに倒れた方は、体全体を後ろに倒したためにかかとに体重がかかったのです。

重心をそのままにしてかかとで床（地面）を押すと体は前に倒れようとします。分かりにくい場合は先ほどと同じように立って、前から胸あたりを押してもらってください。倒れないようにするためにはかかとで踏ん張るはずです。つまり、**かかとは体を前進させる働きがあるのです。**

もう一度、かまえ（準備姿勢）に戻りましょう。

ドッジボールやソフトボールなどでかまえてボールをとろうとするときには、足裏全体で床（地面）を踏むようにしましょう。かかとが接地していることと、つま先と膝がしらが同じ方向を向いていることを確認してください。

かかとをつけることはすぐにできますが、つま先と膝がしらの方向が一致するには時間がかかります。

園児や児童の多くはつま先よりも膝がしらが内側を向いていると思います。そのままの状態で動くとさらに膝が内側に倒れこむために怪我をする大きな原因になります。

【ドリル2】の四股スクワットを繰り返すと、少しずつつま先と膝がしらの向きが同じになってきます。

さらに、かまえたときに脇をしめるようにします。すでに、4章で見てきたように脇をしめるというのは腕が脇にぴったりとつくことではありません。上腕（肩から肘まで）が外旋することです。

かまえた時に肘がなるべく下を向くように心がけたいものです。

そのためには、一度両方の手のひらを上に向けてからかまえることも一つの方法です。

ドッジボールなどの構え

◉投げる・とる――脇をしめるとボールをうまく投げることができるワケ

次はボールを投げたりキャッチしたりする動作です。

まずは投げる動作から見ていきましょう。ドッジボールのような大きいボールや、ソフトボールのように比較的小さいボールを投げる場合がありますが、ボールの大きさに関係なく守らせたい型があります。

ここでも「脇をしめる」ことが重要となります。脇をしめることによって効率的にボールを前方に押し出すことができます。

それでは、ボールを投げるときに脇をしめるためにはどのようにすればいいでしょうか。それは、**ボールを投げる直前に肘ができるだけ投げる方向に向くようにすることです。**

イラストを見てください。ドッジボールを投げる動作です。

脇が開いている場合は投げる方向に肘が向いていませんが、脇がしまる場合はほぼ投げる方向に肘が向いています。

脇がしまる度合いは園児や児童によってかなり差がありますので、ボールを投げる方向に完全に肘を向かせる必要はありません。ボールが進む方向に肘が向くイメージをもたせてください。

さて、このボールを投げる方向に肘を向けるイメージはラケットなどを振る場合も同じです。ラケットでボールなどを打つ場合も脇がし

ボールを投げる

ラケットで打つ

まることが大切です。

次は、ボールをキャッチする場合です。

ドッジボールなどでボールをキャッチする場合はどのように教えたらいいでしょうか。すでにかまえ（準備姿勢）については教えましたが、投げる場合と同様にボールをとるときにも脇がしまることが大切です。

投げるときには肘が前方を向くことが大切でしたが、ドッジボールなどをとるときに脇がしまるためには肘が下を向くことが大切です。

肘が下を向くというより、肘の反対側の曲がるほう（平らな面）が上を向くと理解したほうがイメージしやすいかもしれません。

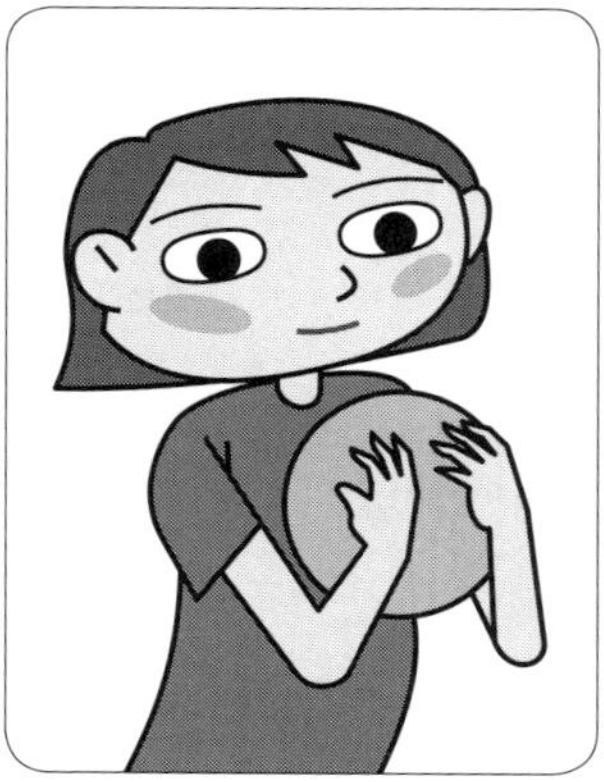

ボールをとるときに脇をしめる

◉動き出す（スタート）——テニスプレーヤーがレシーブのときにピョンと跳びあがるワケ

次はあらゆるスポーツなどのスタート（動き出し）の仕方です。

実は、子どもたちは生まれながらにして膝を曲げてスタートする方法を身につけています。子どもたちに何も教えないほうが成長しても膝を曲げる動き方ができるのかもしれません。

しかし、膝を伸ばす方法を身につけてしまった子どもたちには、膝を曲げる動き方をもう一度、思い出してもらう必要があります。いくつかの例を紹介します。

まずは、陸上競技のスタンディングスタートです。運動会などの走競技、特に幼児や小学校の低学年などではクラウチングスタートではなくスタンディングスタートを採用しています。そのときに、スタートを切るほうの脚の膝を曲げるようにしてスタートさせます。

つま先で地面を蹴るのではなく膝を曲げながらスタートさせます。決して「しっかり蹴って」とか「力を入れて」などといわないことです。ますます、蹴って膝を伸ばすスタートに変わってしまいます。膝の動きに注目して指導したいものです。

この膝を曲げながらスタートする方法は、他のあらゆるスポーツの動き出しに使えます。

バスケットボールやサッカー・野球など、かまえた（準備）姿勢から動き出すときには、膝を曲げながら動き出すことを身につけさせたいものです。

さて、膝を曲げて動く方法を見てきましたが、もっと簡単に膝を曲げて動く方法があります。それが【ドリル5】で紹介した、動く前に小さくジャンプする方法です。このジャンプして動く方法はドリルとしてだけではなく、そのままスポーツなどでも使えます。前述のとおり、スプリットジャンプとかプレジャンプなどといいます。

スプリットジャンプを最もうまく利用している種目はテニスです。テニスのサーブレシーブを見てみてください。どのようにして動いて

スタンディングスタート

バスケットやサッカーなどの動き出し

いるでしょうか。相手のサーブに合わせて、小さく飛び上がります。そして着地したときに膝が曲がることを利用して動きます。

ドッジボール・バドミントンやバレーボールのレシーブやサッカーのゴールキーパーの動き出しなどでも有効です。ぜひ教えたい型の一つです。

プレジャンプ

◉体の方向を変える（ターン）――相手やボールから目を離さないワケ

ドッジボールなどでは、一八〇度体の向きを変える必要があります。さて、どのようにすれば楽に体の向きを変えることができるでしょうか。

ここでは、体の向きを変える簡単な方法を二つ覚えましょう。

まず、体の向きを九〇度変えてみましょう。楽に立ってください。その状態から左でも右でも得意なほうに九〇度体の向きを変えてみてください。まずは、普通に方向を変えてみます。

それでは、楽に体の向きを変える方法を用いてみましょう。

最初は、顔を使います。体の向きを変えたいほうを見てから動いてください。体の向きを変えたい方に顔を向けるようにします。いかがでしょうか。

体の向きを変えることを意識しなくても顔の向きを変えるだけで自然と体の向きが変わることが分かると思います。真後ろを向くときも同じです。体の向きを一八〇度変えようとせずに、真後ろを見るようにします。

そうすると、自然と体は真後ろを向きます。

もう一つ、体の向きを変える方法を紹介します。それは手のひらを上に向ける方法です。

先ほどと同じように、楽に立った状態から右か左に九〇度、体の向きを変えます。そのときに、今度は向きたいほうの手のひらを上に向けてみてください。

いかがでしょうか。顔を向けた場合と同様に楽に体の向きが変わったのではないでしょうか。

分かりやすいように手のひらで説明していますが、人の体は上腕（肩から肘まで）が外に回ることによってターンしやすくなるのです。

園児や児童らに指導するときには上腕といわずに手のひらの向きで教えたほうが分かりやすいと思います。

最後に、顔の向きと手のひらを同時に使ってみてください、とても楽にターンすることができて驚かれると思います。

さて、この章では授業などでどのように型を応用するのかを紹介してきました。

これらの応用の仕方が分かれば、様々な教材でこれらの型を使うことができるようになります。指導者としても自信をもって教えることができるでしょう。

スポーツの一流選手らも、とても難しい技術を身につけているよう

手のひらを上に向けてターンする

顔の向きでターンする

に見えますが、分解するとここで取り上げた型を組み合わせているにすぎません。

皆さんが指導した園児や児童からオリンピック選手が誕生するかもしれません。また、これらの応用を学ばせておけば、いつまでも体に負担がかからない日常生活を送ることができます。

第6章

園児・児童の「こんな日常動作」に要注意！

――「立つ」「座る」「歩く」

◉「気をつけ」は体にいいか？

4章では、幼稚園や学校体育などで習得させたい型を紹介しました。そして、5章では、その型を体育の教材の中でどのように取り扱えばいいのかをお伝えしました。この6章では、園や学校での日常動作を見ていきます。

まず、立ち方について見ていきましょう。

4章で取り上げた「気をつけ」の姿勢についてさらに学ぶことにしましょう。

その場で気をつけの姿勢をしてみましょう。

両足のかかとを接して足先を六〇度程度開き、膝を伸ばして脚の内側に力を入れ、腰(足の付け根やおへそあたり)を前方に押し出すようにしていると思います。

そして、両腕は体側にぴったりと付けて腕全体に力を入れ、あごを引いて頭部全体を後ろに引くようにしているのではないでしょうか。

あらためて気をつけの姿勢で立ってみて、いかがでしょうか。腰を前方に押し出すので、骨盤が著しく「後傾」します。股関節や肩甲骨まわりも硬直して動きやすい姿勢とは決していえません。

それなのになぜ、気をつけが学校行事や体育で多用されてきたのでしょうか。それは、ある意味「都合がいい」姿勢だからです。

気をつけは、集団行動などで園児や児童を静止させる(動かせない)ための姿勢です。集団を扱う教師にとっては都合のいい姿勢ですが、気をつけをしている生徒らにはとても動きにくい姿勢なのです。

気をつけ（一人）

そして、困ったことに気をつけの姿勢を学校で習ったために、私たちはそれを正しい姿勢であると思っているのです。正しいとイメージしている姿勢が、健康のためにならない姿勢だとするとこんなに恐ろしいことはありません。

それでは、**健康で日常生活にも良い「姿勢」とはどのようなものでしょうか。大切なのは、多少乱暴にいえば楽に立つことです。**実際にその立ち方をしてみましょう。

足を腰幅くらいに開いて足先もやや開きます。膝はピンと伸ばすのではなく、わずかに余裕をもたせます。そして、おへそあたりを気をつけのように前方に押し出すのではなく、腰をやや後方に引くようにします。その腰に楽に上体を乗せます。腕はだらりと下げて、あごはぎゅっと引くのではなく、ゆるめて少し出すようにします。

この立ち方をすると自然と胸が張ります。そして、さらに足裏への体重のかけ方が大切です。気をつけの姿勢では左右の足をピタッとくっつけるようにするため、足裏の内側に体重を感じていると思います。

そうではなく、足裏全体に体重を分散させるようにします。最初は、感覚的に足裏のかかとや小指側に体重を感じるかもしれません。

気をつけ（集団訓練）

◉体にやさしい立ち方で健康な体の基礎をつくる

いかがでしょうか。気をつけのような窮屈な姿勢でないことが実感できると思います。園児や児童には、この「立ち方」を学ばせたいものです。

次に「休め」の姿勢について取り上げてみましょう。

皆さんは、「気をつけ」と同様に学校などで何千回も「休め」の姿勢をとらされてきたと思います。現在、多くの小学校や中学校では、気をつけの姿勢から左足を真横に出すように指導されています。

文部科学省の『体育（保健体育）における集団行動指導の手引』（改訂版）には、休めの姿勢について「横型」と「斜め型」の二つの方法があるとし、「横型」は、

「気をつけ」の姿勢から、左足を一足長、横に出し、体重を両足にかける。両腕を後ろに回し、腰のあたりで手を組む。

とあり、「斜め型」は、

「気をつけ」の姿勢から、左足を一足長、斜め前に出す。足を替えるときには、出している足を元に戻し、反対側の足を斜め前に出す。

とあります。

休め：「横型」「斜め型」

斜め型は足を入れ替える場合もあるとしていますが、横型・斜め型ともに気をつけから左足を動かす、となっています。しかし、身体の構造から考えると左足ではなく右足を動かすことが自然だと考えられます。

このことに関して興味深い実験結果があります。元・東京工業大学教授の平沢彌一郎先生が、放尿時における重心位置の変化を測定した実験があります。

男子が立ったままで放尿する際の重心位置をピドスコープという足裏が映る装置を使用してみています。すると、左足はぴったりとガラス面に密着していますが、右足は、放尿にともなって少しずつかかとが上がっていき、放尿終了直前には、かかとからほぼ三分の一が離れてしまいます。試しにかかとを両足とも上げさせると放尿が困難だったそうです。

女性の場合はしゃがんだ姿勢で測定しています。やはり、放尿とともに左足にかかる圧力が高まり、右足のかかとは上がっていきます。実験結果によれば、男女ともほぼ全員、利き足に関係なく左足に圧力がかかっていくそうです。

こうしたことから平沢先生は、**左右の足はそれぞれ異なった役割をもっている**と推測されています。**左足は「全身の安定保持のための主軸」であり、右足は「器用性や攻撃性などの運動が得意であり、さらにスピードをコントロールする」という特徴がある**と結論づけています。つまり、左足を軸にして右足を動かすことが自然であると考えられます。

左足に荷重することが自然であることはエスカレーターの立ち位置を見ても分かります。

駅やデパートなどのエスカレーターを利用するときに左右どちら側に立つでしょうか。「右側」と答えた方は、関西地方にお住まいなのではないでしょうか。関西地方（香川県・岐阜県の一部を含むとの説もある）では、エスカレーターは「右」に立ち、それ以外の地域は「左」に立つことが習慣化されているようです。

関西地方だけ右側に立つようになった理由は、大阪の日本万国博覧会（一九七〇年）開催時に駅のホームが混雑したため、ある電鉄会社が右に立つよう各駅でアナウンスしたという説が有力です。

関西地方以外では、自然発生的に左に立つようになったと考えられます。やはり、私たちの体は自然に左足を軸にして立つように制御されているらしいのです。

このような例から、本来、休めの姿勢も左足を軸にして右足を動かすことが自然であると考えられます。それでは、なぜ右足を動かさずに左足を動かすようになったのでしょうか。それは軍隊の影響であると考えられます。休めの姿勢で右側に鉄砲を立てることが多いのです。そのために右足を動かすことができないので、右足を軸にして左足を動かすようになったと考えられます。

しかし、米国では、すべてではありませんが、左を軸にして右足を動かす方法も採用されているようです。「休めの姿勢」を再考する必要があると思われます。

◉胡座《あぐら》を見直そう

さて、次は座り方です。

私たちの日常生活を見ると、一般的に立っている時間より座っている時間のほうが長いことが分かります。特に学校では、教室で椅子に座り学習させることがほとんどです。座って学ぶことを「座学」などともいいます。

すでに4章で取り上げましたが、日本では「腰を立てる」ことが重要視されてきました。日本の教育現場には「立腰論」という考え方がありました。教育者であった森信三（明治二九年〜平成四年）によって提唱されました。

その教えは脈々と受け継がれていますが、現在の教育現場で「腰を立てる」ことはほとんど重要視されなくなったと感じられます。腰を立てることは、茶道・華道・舞踊などの芸能はもちろん、弓道や剣道などの武道でも基本とされてきました。

さて、このような観点から学校教育で指導されている姿勢を見てみると、気にかかる座り方があります。それは「体育座り」です。この座り方は地方によって、「三角座り」や「お山座り」とも称されています。

これまで複数の先生方から体育座りについて、「あのような座り方をさせていいのでしょうか」と尋ねられました。一説によれば体育座りは昭和四〇年に文部省が発刊した『集団行動指導の手引』がきっかけとなって全国の学校で採用されたことになっています。それまでの経緯は分かりませんが、決して、子どもたちの体にいい影響が及ばないことは確かです。

それでは、子どもたちをどのように座らせたらいいのでしょうか。どのような座り方が子どもたちの健康な生活を支える型となるのでしょうか。

その一つは「胡坐《あぐら》」です。胡坐とは脚を重ねて膝を左右に開く座り方です。膝を開き左右の足を重ねる。重ねる（組み合わせる）ことを「構《か》く」ということから、胡坐で座ることを「胡坐をかく」ともいいます。

胡坐をかくことは行儀が悪いというイメージをもたれている方が多いと思いますが、江戸時代までの日本では胡坐をかくことは行儀が悪

体育座り

胡坐で座った子ども

い座り方ではありませんでした。床や地べたに座るときは胡坐、もしくは脚を組まない「安座《あんざ》」が一般的でした。胡坐を見直したいものです。

◉「歩き」の歴史を知る——つくられた「国民の歩き方」

次に「歩き」について見ていきましょう。

健康的な日常生活やスポーツの上達につながる歩きとはどのようなものでしょうか。体育の集団訓練や運動会などの行事では行進が盛んにおこなわれています。さて、皆さんは行進の歩き方についてどのように習ってきたでしょうか。また、どのように指導しているでしょうか。

歩きを知るために、その歴史を少しひも解いてみましょう。

日本人の歩き方は明治維新を境に大きく変わったといわれています。なぜでしょうか。まず、生活習慣の変化が思いつきます。明治維新を境に日常の服装や履物が変わっていきました。さらに、道路事情の変化なども歩き方に影響を与えたと考えられます。それらの影響だけであれば歩き方の変化は緩やかであったはずです。

ところが、**日本人の歩き方に急激な変化を与えた要因があった**のです。それは、明治政府の意図的な施策によるものでした。富国強兵策を支える洋式軍隊を組織するため、政府は意図的に国民の歩き方を変える必要があったのです。

明治六年（一八七三年）に徴兵令が公布されました。しかし、この国民皆兵化にあたり大きな障害があったといわれています。その障害とは、当時の日本人は「集団行動ができない」「行進ができない」「かけ足ができない」などでした。そこで、政府は国民を「洋式軍隊」の兵士とするべく緻密な教育政策を実施していくことになります。

初代文部大臣の森有礼は兵式体操を義務教育過程に採用していますが、そこで実施された体操は本来の兵式体操ではなく、隊列をととのえての歩行訓練が中心でした。隊列をつくって行進ができる国民をつくることが近代軍隊化における必要不可欠な課題であったのです。

つまり、体育（当時は体操？）の授業の中で足なみをそろえて歩く行進の訓練をすることで子どもたちを一人前の兵士にするための準備がおこなわれたのです。

さて、足なみをそろえて歩くためには何が必要でしょうか。それには、地面を踏みしめるタイミングを一致させる必要があります。着地する脚の膝や足首の関節を伸展（伸ばす）させるアクセントや感覚が強くなってきます。

言い換えると地面を蹴る感覚が強くなってきます。つまり、行進のためにはしっかりと地面を蹴るようにして歩くことが推奨され、そのような歩き方が正しいとイメージされるようになったと考えられます。

皆さんも「正しい歩き方とは」と尋ねられたら「大きく手を振りしっかりと地面を蹴るようにして歩く」と答えるのではないでしょうか。しかし、このような歩き方は行進のためには必要なのですが、健康的な生活や、スポーツなどの上達のための「型」となる歩き方ではないのです。

歩行訓練の様子

◉江戸時代の日本人は一日、五〇キロは平気で歩いていた

それでは、**健康やスポーツ上達の基礎となる「歩き」とはどのようなものでしょうか。**

それは、明治維新前の歩行形態にヒントが隠されています。まず、維新前の日本人の歩行能力を見てみましょう。江戸時代の日本人の歩行距離について、東洋大学の谷釜尋徳先生が詳細な調査をされています。

江戸時代後期は「お伊勢参り」が大流行しました。全国各地から現在の伊勢神宮（三重県）に参拝客が集まりました。

下は「近世における東北地方の庶民による伊勢参宮の旅の歩行距離――旅日記（1691〜1866）の分析を通して――」（東洋大学スポーツ健康科学紀要、二〇一五年三月）に掲載された表です。

No	表題（年代）	同行者数	歩行距離(km)／日		
			平均	最長	最短
1	道中付（1691）	10人	37.9	66.3	7.8
2	道中日記（1743）	6人	37.2	59.8	4.6
3	伊勢参宮道中記（1768）	10人	34.4	54.1	11.6
4	西国道中法並名所泊宿附（1773）	34人	36.9	69.0	11.7
6	西国道中記（1783）	4人	30.2	58.6	7.8
7	伊勢参宮道中記（1786）	5人	29.8	63.1	3.9
13	伊勢参宮道中記（1811）	22人	31.9	51.5	7.8
15	伊勢参宮西国道中記（1818）	11人	5.9	67.9	9.7
18	伊勢道中記（1826）	6人	37.3	58.5	5.3
19	伊勢参宮花能笠日記 伊勢拝宮還録（1828）	4人	36.9	58.0	7.8
20	不明（1830）	9人	33.1	61.8	6.0
21	道中記（1830）	10人	37.3	61.2	11.6
23	万字覚帳（1835）	12人	32.9	53.6	7.8
24	道中日記（1836）	6人	36.0	71.9	11.2
25	伊勢参宮道中日記帳（1841）	9人	32.8	58.9	7.8
26	西国道中記（1841）	12人	37.2	67.5	9.7
27	伊勢参宮中の日記（1844）	8人	32.5	66.1	3.9
29	不明（1849）	7人	36.2	75.0	4.9
30	不明（1849）	13人	35	63.1	15.5
31	伊勢参宮道中記（1850）	11人	32	52.3	10.5
32	伊勢道中記（1853）	21人	37.9	56.5	11.7
33	道中日記帳（1856）	20人	33.9	54.8	2.1
35	伊勢参宮并熊野三社廻り 金毘羅参詣道中道（1859）	4人	34.9	70.8	9.2
36	道中日記（1860）	2人	28.7	59.7	7.8

東北地方から伊勢神宮に参拝（お伊勢参り）した三六編の旅日記から詳細にその歩行距離を算出しています。この表では平均三〇キロ台になっています。しかし、これはあくまで平均で、旅行程の都合で一日一桁から一〇キロ台の日も含めたものです。最長は七五キロですが、どの旅日記も最長距離は五〇キロを超えています。谷釜先生は、「無理のない歩行の上限は五〇キロ程度であった」と推察されています。つまり、当時の一般庶民は一日五〇キロであればある程度余裕で歩けたということです。

皆さんはどのように感じられるでしょうか。現代人は五〇キロの距離を歩けるでしょうか。一日だけであれば歩くことはできるかもしれません。しかし、毎日となると難しいと思われます。

それでは日本人はどのような歩き方をしていたのでしょうか。実は、多種多様な歩き方をしていたと推察されます。

民俗学者として著名な野村雅一氏は「古くは歩き方にも、腰をちょっと落としたすり足歩行や、腰高で足を交叉させるようにしてだしてすすむ大工や鳶職の歩き方、若い娘の内また歩き、年増女の練り歩き、等々、多少誇張はあるものの日本舞踊で見られるような身分や職業や性別に特有な歩き方があった」（『身振りとしぐさの人類学』中央公論新社、一九九六年）と述べています。

また、柳田國男氏は「男女の風貌はこの六十年間に、二度も三度も目に立って変わった。（中略）肩を一方だけ尖らせて跨いで歩くような歩き方もあった。袖を入れちがいに組んで小走りする摺足もあった」（「明治大正世相史編」〔『柳田國男全集』26巻〕、筑摩書房、一九九〇年）と述べています。

これらの多様な歩きの中に、一般庶民が毎日四〇キロ以上も移動できた歩きの「型」があったと考えられます。

◉楽で疲れない歩き方、「正常歩」

さて、歩く目的とは何でしょうか。現在では、健康のためと称してエネルギー消費が多い歩き方が推奨されています。エクササイズウォークとかパワーウォークとも名づけられています。そしてこれらの大股で腕を大きく振る歩き方が正しいとイメージしている方も多いのではないでしょうか。

本来の歩く目的は移動手段です。このことは、改めて考えると当然のことです。

しかし、現在の学校教育や体育の授業で実施されている集団訓練における歩行は、移動手段が目的ではありません。

『体育（保健体育）における集団行動指導の手引』には行進について「上体は自然と伸ばして胸をはり、腰と膝を伸ばし、足は踵からつくようにし、腕はひじを伸ばして前後にふり、頭を起こしあごを引いて前方を見るようにする」とあります。気をつけの姿勢を保ったままのイメージで、窮屈な感じの歩行です。

しかし、高齢者になっても健康で生活し、また、スポーツ上達のために必要な歩行は、エネルギー消費が多い歩きではなく、逆にできるだけ楽で疲れない歩き方のはずです。そのような歩き方を学校や体育の集団訓練の中で指導することは可能なのでしょうか。

エクササイズウォーク（パワーウォーク）

実はその試みが昭和一〇年代に、当時、東京高等師範学校の教授であった大谷武一氏により「正常歩」として提唱されています。

「正常歩」は現在の集団訓練での歩行と同様に整列をして足なみをそろえての歩行ですが、その考え方や方法はかなり違うものとなっています。

大谷氏はその目的について「歩くということは、元来自己の位置の移動にあるのであって、甲の地点から乙の地点へ移動する際に、乗物を使用し、若しくは其の他の方法で他の力を借りない限り、歩行に依る他は無いわけである。さて、歩くということが、場所の移動にある以上は、できるだけ疲労を少なく、しかも敏速に移動の完了がなされる事が望まれるわけである」（『正常歩』目黒書店、一九四三年）と述べ、歩きの目的は移動手段であることを明確にしています。

そして、着目すべきは、大谷武一氏がさらに堂々とした立派な歩法やエネルギーを合理的に使用して長距離を移動する歩法などがあることを認めながら、正常歩は外見の立派さと歩行能率を調和させた歩法であると述べていることです。

つまり、歩行形態は多様であり正常歩はその中の一つの歩法であると認識されています。

歩行の形態についても現在の集団訓練の形態とはかなり違います。例えば、現在では、すでに紹介しましたように膝は伸ばすように指導していることがほとんどです。しっかりと地面を蹴るようにして膝を伸ばすようにさせます。

しかし正常歩では、地面につく直前は軽く伸びるが、「足が地床に触れた瞬間から、膝は曲がり始めこの際伸びていると、推進力がそれだけ妨げられることになる」としています。

正常歩

現在の学校や学校体育での行進や、前述したパワーウォークやエクササイズウォークのように着地脚の膝を伸ばすのではなく、逆に曲げることを推奨しています。さらに、肘も伸ばすのではなく適度に屈曲するとあります。

すでに4章と5章でも取り上げた、膝を曲げること、または曲がってもよいということは、歩行動作の「型」としても大きな要因の一つです。以前は、日本では、伝統的履物を着用していました。「草履《ぞうり》」・「草鞋《わらじ》」・「足半《あしなか》」・「下駄《げた》」などです。

これらの履物を着用して歩いてみると分かりますが、シューズを履いたときのように足裏の前足部で蹴るようにして膝を伸ばして歩くことはできません。膝は適度に曲がります。

学校行事や体育の授業で教える歩き方について再考の余地が多分にあると思います。多様な歩き方があることを生徒や児童に教えるだけでも、かれらの将来の歩きの質が変容してくると考えられます。

◉日本人女性の気になる姿

さて、5章ではつま先や膝がしらが外を向くことが健康的な生活やスポーツなどの上達の「型」であることを紹介しましたが、この観点から非常に憂慮される事象があります。

来日した外国人の多くが、日本人女性の「立ち方」や「歩き方」に違和感をもつそうです。多くの日本人女性がつま先を内側に向けているからです。いわゆる、内またです。これらは、世界を見渡しても、また、アジアでも日本人女性だけに顕著に見られる傾向です。

なぜ、日本人女性は内またになるのでしょうか。

原因は大きく二つあると考えられます。一つは「ぺちゃんこ座り」や「横座り」です。ぺちゃんこ座りとは下腿（膝から下）を左右に広げてお尻を床や地べたにおろす座り方です。日本では幼少時から習慣化しています。

ぺちゃんこ座りを習慣にしていると股関節が著しく内旋状態になります。歩くときも、またスポーツなどをするときも内旋状態のまま動くことになります。合理的に動けないばかりか、足関節（足首の関節）や膝関節が故障する原因になってしまいます。

ご家庭でも保育園や幼稚園でもぺちゃんこ座りの習慣をなくしたいものです。

さらに「横座り」も片方の股関節の内旋状態をつくりだします。この座り方は、スカートをはいたまま床に座るときに推奨している学校も多いようですが、再考する必要があります。

二つ目は、日本では「内またの女性はかわいい」というイメージが定着していることです。

若い女性向けの雑誌などにも「かわいい立ち方」や「かわいい座り方」の例として「内また」が推奨されています。

しかし、日本人女性は本来、内またではありませんでした。芸者さんなどが「女性らしさ」を表現するためにわざと用いたのです。そし

日本人女性の立ち姿

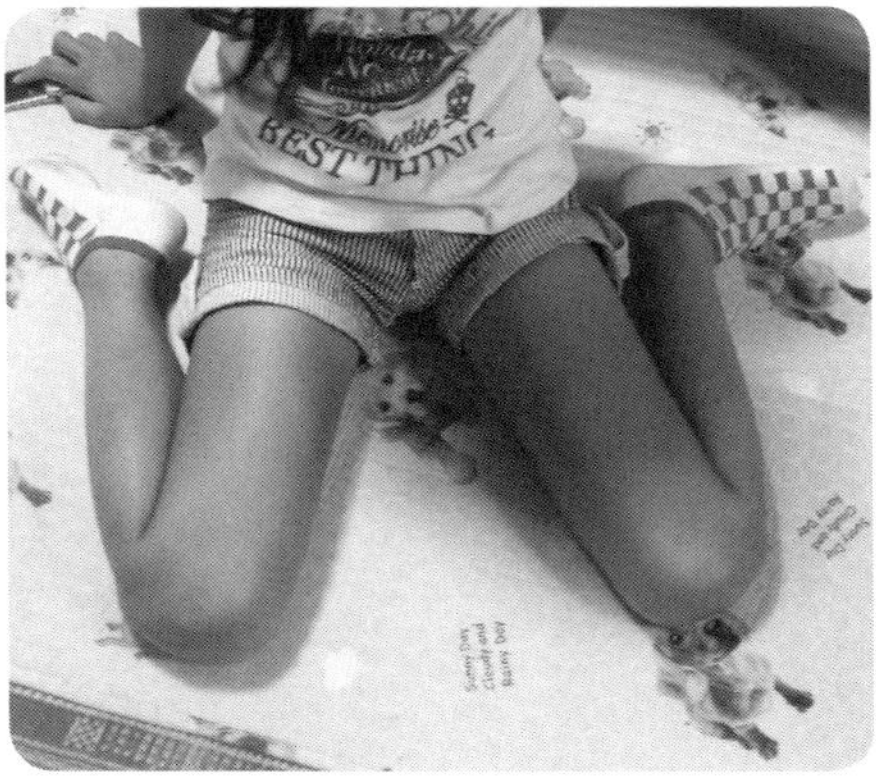

ぺちゃんこ座り

て、それが一般に女性らしさの表現方法として習慣化したのです。

多くの女性が家庭で、幼少のころから「足先を閉じなさい」といわれて育つのかもしれません。また、周りの大人を真似るのかもしれません。

それにしても、日本人女性の内また傾向は顕著です。

家庭や幼稚園・小学校で股関節の内旋状態を是正する取り組みが必要であると思われます。

最終章

運動をすると学力・知力もアップする

――日本人の体つくりの伝統的な知恵と最先端の研究によって明らかになったこと

◉人間の身体の動きが分からないとロボットはつくれない

本書では、各々の章で具体的に、どのような運動をどんな考え方に基づいて、どのようにしたらいいかを説明していますので、読者の方々にはそれをお読みいただき、実践していただければ、効果を実感していただけることと思います。

最終章では、これまで展開してきた本文の内容にどのような学術的な前提があるのかを確認しながら、本書への内容理解を深めていただきたいと思います。これによって読者の方々には、実用書としての側面だけでなく、考え方も学んでいただけるものと考えています。

これまでの話の流れからは唐突に感じられるかもしれませんが、身体について考える際には、実は今日のロボット工学が参考になるので、これについて考えてみましょう。

今日のロボットは、人間ができることはほぼできるようになっており、それもかなりの高水準です。ロボット工学では、これまでの人体工学などは実のところあまり重視されておらず、実際に人間がどのように身体を使っているかが徹底的に探求されています。

人間と同じ形の人形を作って、それを立たせてみることを考えてみてください。これはいくらやろうと思っても不可能です。つまり人間の生身の身体は、力学的な身体の調節なしには立つこともできないのです。人型のロボットをつくるときには、単に真似るだけでなく、人間が身体をどのように動かしているのかを実際に再現して、身体が備えている様々な調節機能をそれにつけ加えなければならないのです。

ロボット製作においてはこのような事情があるため、これまでの人間工学レベルのデータだけでは不十分であり、実際に人間の身体がどのように機能しているのかを、あの手、この手で探り出し、それを実際のロボットづくりに反映させているのです。

◉実証研究が裏付けた「運動をすると頭が良くなる」

人間の身体機能を調べることはこうしてロボット工学に寄与しているのですが、近年、発達している認知科学、脳科学もまた、ロボット工学に貢献しています。

本書で書かれている内容には、この認知科学と脳科学の成果が盛り込まれ、応用されています。最近の研究では、特に脳と身体の関係が重要視されています。すでに日本語にも翻訳されている『脳を鍛えるには運動しかない！――最新科学でわかった脳細胞の増やし方』（ジョン・J・レイティ＋エリック・ヘイガーマン著、野中香方子訳、NHK出版、二〇〇九年）では、日常的な言い方をすると、「運動をして、頭が良くなる」ことが実証されています。

普通の見方では、運動をするときは身体を使い、勉強のときは頭を使うので、運動と勉強は別だと思われるかもしれません。しかし運動をしているときも勉強しているときも同じように脳を使っており、脳を使わない限り運動はできないのです。脳によって伝達された内容が運動になります。このように、運動も勉強も同じく脳の働きによっています。だから、運動をすることで知的レベルの発達も促されるわけです。

これまでにも「運動をやっていると気持ちと精神力が高まることもあるので、学力とも関係があるでしょう」という程度の一般的な見方ならありました。しかしそのような間接的な影響ではなく、運動をした直後に実際にテストをしたところ、運動をやっていない人よりも運動をやっている人のほうが良い成績をおさめたという結果が報告されているのです。

単純な運動計測ですが、心拍数が増える運動をやらせた後に、運動をしていない生徒と運動をしている生徒に数学のテストを受けさせると、運動をやったほうが統計的に明らかに成績が上になっていることが判明したのです。

こうした単純なレベルのテストでも運動が脳に有意味な刺激を与えていることは間違いがありませんから、実際のさらに複雑な運動の場合、これ以上の影響が、あるいは計り知れない影響があることが予測できるのです。運動と脳との関係には未知のことがまだ相当多く含まれており、分からないことが多いのです。しかし運動することで知的な能力が刺激され、育まれることは事実として確認されています。

序章でも述べたとおり、学校体育は体育だけがその教育目的ではなく、他の教科の活動も含んでおり、身体教育だけに限定されないことは明白です。つまり体育は総合科目であり、身体と知的な発達のための科目であるといえるでしょう。

実際のところ、今になってこのような認識が初めて一般化したのではなく、昔から体育のもっている多様な教育効果は知られており、世界中のエリート教育の学校において体育は重要な役割を担ってきました。

これも1章で述べたとおりですが、イギリスのエリート教育を担っているパブリック・スクールにおいては、今日まで、学生にとってラグビーをやることが当たり前であり、「健全な肉体に健全な精神が宿る」というスローガンのもと、エリートであれば、心身を鍛えることは当たり前になっています。

日本の開成、灘、ラサール等の有名校もこれと同様に運動を奨励しており、年に一度の体育祭は、学生にとっても一大イベントになっています。

最先端の学問的成果に基づけば、必然的に体育重視になることがご理解いただけることと思います。

◉最先端の科学研究の成果が伝える「温故知新」の大切さ

また、このような最新の学問的成果と、本書で紹介した、昔からある武術・武道はどのように結びつくのでしょうか。

最先端の成果は、これまた最先端のスポーツなり、これまでになかった別途の運動が重要視されるのではないか、といった疑問をもたれる方もいらっしゃるかもしれません。

しかし武術は、長い年月にわたって淘汰されたことが伝承されており、そこには先人の知恵が詰まっています。前述のように、今日ではオキシトシンというホルモンが発見され、その機能が分かるまでは、「気の働き」ということもまったく未知の領域でしかありませんでしたが、今日の最先端の科学によって、武術の技がようやく了解できるようになっています。

実は、ロボット工学などで実地に研究されている人間の身体運動には、現代人の体の動かし方だけでなく、伝統的な武術をしている人々の特殊な、また特別な身体運動も含まれています。これらの人々は普通の人々にはできない動きができ、それをロボットが修得できれば、その動きもできるようになると考えられるからです。

人間の歴史のなかで、直立二足歩行が始まってからの人間の基本的運動のやり方は、人間の活動内容を見ても、それほどの変化はありません。だから型に修熟し、その型でできる技を発展させるということも、ほぼ同一であるはずです。

ところが、本文でも紹介したとおり、その運動能力には相当に大きな開きがあります。資料的に見れば明らかですが、江戸時代に徒歩で人々がどれだけ歩いていたかを調べると、現在の常識では考えられないほどの距離を歩いていたのです。

現在、一日五〇キロ以上を一週間毎日歩ける人がいるでしょうか？　江戸時代の人々はこれぐらい、お茶の子さいさいで歩いていたのです。飛脚だと一〇〇キロぐらいは走っていたといいます。

今のほうが栄養状態が良いにもかかわらず、現代人ができることではありません。物を運んだりするなど、日常的な生活に必要な運動ならば、江戸時代の人々のほうが現在の人々よりも優れた身体能力をもっていたことは明らかです。今よりも合理的な身体の動かし方を、昔の人のほうがおこなっていたということです。

私（原尻）は大東流合気柔術の免許皆伝で、軽く相手の腕を握っただけで簡単に相手を転ばせることができます。使う筋肉はアウターマッスルではなくインナーマッスルで、使う筋肉の種類が異なるのです。

アウターマッスルは通常、我々が筋肉と呼んでいる筋肉で、インナーマッスルはその奥にある筋肉で、あまり意識には出てこない筋肉です。

インナーマッスルは一応ほぼ随意筋ですが、その存在が意識されることはあまりないので、動かしているという実感があまりありません。これを動かせるようになるためには、ある程度の訓練が必要になります。

インナーマッスルそのものではありませんが、随意筋にも伸筋と屈筋の二種類があります。

普通の生活では屈筋肉を中心に生活をしていますが、大東流合気柔術では伸筋肉を主に使います。例えば相手から強く握られたら手をパッと開いて、小指に意識を集中させ、手を持っている相手に小首を突き刺すように動かすと、相手は屈筋で力を入れているので、こちらが伸筋を使えば意外と簡単にはずすことができます（これを柔術一般では「手ほどき」といいます）。インナーマッスルの操作ができるようになると、同じことができるようになります。

昔の人ならば武術家でなくとも、職人や農業者でも、この動かし方をできる人がいたことでしょう。現代人でこんなことをできる人は、ほとんどいないでしょう。しかし型による学びができるようになれば、それを発展させて、このような手ほどきも可能になります。

最先端の学問的成果について考えてみると、古《いにしえ》の人々の動きが重要であることが分かります。そしてそれを現代に復活させることが可能になれば、運動能力を伸ばすことができるだけではなく、昔の人と同じような身体の動きが可能になるのです。

昔のことだからすべてが古く、新しいことだけがすべて正しいわけではありません。

繰り返しになりますが、人間が直立歩行を始めて以後、人間の身体はほとんど変化していないのですから、身体を使う運動でまったく新しいことができるはずもなく、大切なのは、これまでのやり方を復習して、そのやり方を学びなおすことです。

現代ではほとんど忘れ去られてしまった先人の中には、驚くべき身体をもっていた人もいたのであり、まずは温故知新が必要です。

本書で紹介してきた様々な基本動作を型で修得する意義がお分かりいただけるものと思います。

あとがき——日本人の健康のために本書の活用を！

今の私たちの生活を振り返ってみると、ほとんど運動しなくてもいい生活になっていることに気づくでしょう。

ちょっと前までは、水道の蛇口があり、水道はひねって回さないと、水は出ませんでした。それが今では普通の家庭では蛇口などはなく、「押すだけ」で水が出ます。場合によっては、手を出すだけで水が出る場合さえあります。

これに加えて、子どもたちがあまり外で遊ばなくなりました。つまり、運動をする生活が失われています。これが当たり前になっているので、人間の生存、身体と健康の維持のためには、意図的に運動をしなければ、それが達成できなくなっています。

このようになってから時間も経っており、このまま放置しておけば、私たちの生活が破綻する可能性さえあります。

本書は、子どもたちが本来、備えているべき運動能力を取り戻し、明るい未来を生きるためのものです。ここに書いてあることを忠実に実行すれば、老若男女の区別なく誰もが健康になり、身体を取り戻すことができます。一日たった一〇分の運動で、日々の生活、そして一生が大きく変わるでしょう。

もう、何も迷うことはありません。自らの健康と快適な生活のために、たった一〇分程度の運動を毎日やろうではありませんか。

これができるようになればさらに欲が出てきて、これ以上の運動をしたくなることでしょう。そうなれば、どんどん新たな運動を付け足していただきたいと思います。一日早足で三〇分も歩けば、運動としては十分です。これにスクワット、腕立て伏せを付け加えれば、筋肉運動としても十分になります。

このために、お金は一切、必要ありません。タダで運動するだけ、です。

二〇一八年六月

原尻英樹
木寺英史

参考文献案内

本書を書くにあたって、体育および体育教育関係の文献を多数読んだ。これら著作の筆者の学恩に感謝する。

しかしながら、これだけ多数の著作を読んだにもかかわらず、それらの大半は、現状報告、あるいは特定の卓越した能力をもった教師の教育実践内容にほぼ限定されている。

現状報告だけでなく、その現状に対する一種の「処方箋」、つまり「何をどのようにしたら、より良い体育教育が実践できるか」が筆者らの問題関心であるが、それを書いてある本は、ほとんどないことが分かった。

ところが、日本の体育教育という分野に限定しなければ、重要な参考文献は複数ある。以下、それらを紹介する。図書選定の基準は、「何をどのようにすれば、どんな効果があるのか」が書いてあるかどうかである。また、ほんの一部の人しかできないのならば、日本国中の幼稚園・保育園、学校で教育実践できず、また、大人たちも実践ができないので、「誰でもできる運動」ということも、選定基準に付け加わる。

(1) ジョン・J・レイティ+エリック・ヘイガーマン『脳を鍛えるには運動しかない!——最新科学でわかった脳細胞の増やし方』(NHK出版、野中香方子訳、二〇〇九年)

まず、この書を挙げなければならないだろう。

アメリカで実際に実践されている体育教育内容を紹介する同書には、運動することで、運動能力だけでなく、心の安定と知的な能力を伸ばすことができるという実証データが掲載されている。このような実証データが出されている以上、「運動のための運動」といったレベルの体育は乗り越えなければならないだろう。

ただしこの著作では、非常に単純な指標である「心拍数」で運動量を測定し、どれぐらいの心拍数なら、どれだけの知的な能力を伸ばすことができるかが書かれている。心拍数や肺活量だけでは、その運動の「意味」や「効果」を測ることはできないのではないか、という疑問もあり得る。

一方、我々が本書で紹介しているマッサージやストレッチ、整体は、まず第一にその運動の効果が出ていることが強調されてよい。この運動によって心身の安定がもたらされるとともに、それほど心拍数が増加するような運動ではないが、運動する本人は自分の身体との対話が可能になる。そしてこのことは知的な能力が高まることと関係すると考えられる。

また、他者に対してマッサージやストレッチをする場合は、何をどのようにしたら相手の心身が楽になり、心地良くなるかを考え、かつ、相手にとって苦痛にならないよう配慮しておこなう。このことにより個々の身体を介したコミュニケーションが達成されることが分かるだろう。これも単に運動能力だけでなく、心や知的な発達と関係すると考えられる。

(2) 川島隆太（監修）・横田晋務（著）『2時間の学習効果が消える！——やってはいけない脳の習慣』（青春出版社、二〇一六年）

同書は小中学生七万人を対象にした調査で、スマホ、パソコン、ゲームをすることによって成績が落ちることを、実証データに基づいて明示している。スマホやゲームと成績低下の因果関係はまだ十分には解明されていないが、成績低下は事実であり、同書が挙げる実証データは、運動によって知的能力が伸びるのとは正反対に、スマホ、パソコンを使えば使うほど知的な能力が落ちることを物語っている。

(3) 原尻英樹『しなやかな子どもの心身を求めて——義務教育化された武道教育』（勉誠出版、二〇一二年）

同書は武道教育の義務教育化と武道教育の実践内容について、その理念も踏まえたうえで検討したものであるが、武道教育だけでなく体育教育をどのように実践していけば良いかを論じている。本書の次のステップに相当する内容であり、運動することの効果との関連でいえば、例えば古流武術の型稽古は、基本的に心拍数が増えるような運動ではないが、その技を修得できればそれまでとは違う身体操作をできる身体になり、単に身体のみならず脳自体の変化が見られ、新たな技の修得が知的な能力の進展にもなっていることを紹介している。

（4）村木弘昌『万病を癒す丹田呼吸法』（春秋社、二〇〇一年）

最後に呼吸法についての著作を紹介したい。呼吸法については数々の著作が出版されているが、最も基本的な方法である丹田呼吸法については、村木氏の同書を参照していただきたい。

呼吸法も一種の技であるので、やり方を修得すれば「別の人」になることができる。

また、本文で紹介しているマッサージ、ストレッチ、整体に関することは、公刊されている書籍、インターネット上の情報、そして著者が直接的に関わった韓国および中国の中医学の専門家からの話に基づいている。これには中医学以外に、ヨガなどの専門家の見解なども含まれている。

基本文献としては以下を挙げておきたい。

（5）松岡佳余子『指をもむと病気が治る！　痛みが消える！』（マキノ出版、二〇一四年）

（6）平野薫（監修）・YUKARI（著）『下半身が変わると人生が変わる！　すごい足指まわし』（永岡書店、二〇一七年）

（7）加藤貞樹『指つかみで病気が治る！　痛みが消える！』（マキノ出版、二〇一七年）

以上のやり方、方法については、学校教育現場で使えるようなやり方に若干、変更している点があることをお断りしておきたい。

◎著者紹介

原尻 英樹（はらじり・ひでき）

立命館大学産業社会学部教授。大東流合気柔術免許皆伝。現在、身体論のみならず、東シナ海域研究、中国朝鮮族研究も行っている九州大学教育学部出身の文化人類学者。

ハワイ大学では宮沢賢治研究で政治学博士。同大学留学中には日本人補習校にて小学校教師をつとめた。九州大学では在日コリアン研究で教育学博士号（教育人類学）を取得。

韓国留学経験はないが韓国語で話すと誰も日本人だとは思わないぐらいのレベルである。

空手は小学校のときから大学まで習い、現在、琉球古流の空手を習っている。これと同時に合気道、大東流合気柔術を名だたる高名な師範達から教授してもらっている。

著作に『東シナ海域における朝鮮半島と日本列島』（かんよう出版）、『文化人類学の方法と歴史』（新幹社）、『フィールドワーク教育入門』（玉川大学出版部）、『しなやかな子どもの心身を求めて』（勉誠出版）、『心身一如の身体づくり』（勉誠出版）、『マイノリティの教育人類学』（新幹社）、『在日朝鮮人の生活世界』（弘文堂）など、多数。

木寺 英史（きでら・えいし）

九州共立大学スポーツ学部教授／なみあし身体研究所代表。剣道教士７段。筑波大学体育専門学群卒業後、福岡県内の中学校保健体育教諭、久留米工業高等専門学校および奈良工業高等専門学校准教授を経て現職。大阪教育大学大学院教育学研究科健康科学専攻修了。

剣道の稽古でアキレス腱を断裂したことを契機に前近代日本の身体運動研究に着手。その後、なみあし身体研究所を設立、「屈曲動作」に代表される合理的身体操作法を提唱するなど、スポーツ・武道界において先進的な動作研究者として活躍中。

著作に『本当のナンバ 常歩』（スキージャーナル）、『錯覚のスポーツ身体学』（東京堂出版）、『間違いだらけのウォーキング――歩き方を変えれば痛みが取れる』（実業之日本社）、『健康で長生きしたけりゃ、膝は伸ばさず歩きなさい。』（東邦出版）、『日本刀を超えて――「身体」と「竹刀」から考える剣道論』（スキージャーナル）など多数。

日《に》本《ほん》人《じん》に今《いま》いちばん必《ひつ》要《よう》な

超《ちょう》かんたん！「体《からだ》つくり」運《うん》動《どう》

幼《よう》稚《ち》園《えん》・保《ほ》育《いく》園《えん》・小《しょう》学《がっ》校《こう》からはじめる
毎《まい》日《にち》10分《ぷん》「体《からだ》と心《こころ》と脳《のう》の健《けん》康《こう》づくり」型《かた》と工夫《くふう》

GAKUGEI MIRAISHA

2018年7月15日　初版発行

著　者　原尻英樹・木寺英史
発行者　小島直人

発行所　株式会社 学芸みらい社
〒162-0833 東京都新宿区箪笥町31番 箪笥町SKビル3F
電話番号　03-5227-1266
FAX番号　03-5227-1267
HP：http://www.gakugeimirai.jp/
E-mail：info@gakugeimirai.jp
印刷所・製本所　藤原印刷株式会社
ブックデザイン　吉久隆志・古川美佐（エディプレッション）
本文イラスト　げん ゆうてん

ISBN978-4-908637-79-7 C3037